HOLANDA

Carmen Giró

AF665048

ECOS
TRAVEL BOOKS

SUMARIO

Holanda hoy

Los Países Bajos, conocidos popularmente como Holanda, es un país de 41.528 km^2 (de los cuales el 18% es agua) y 17 millones de habitantes. Está atravesado por los tramos finales de los ríos Rin y Mosa y se abre al Mar del Norte entre los estuarios de los ríos Escalda y Ems.

Más de un cuarta parte de la superficie del país se encuentra bajo el nivel del mar y solo una mínima parte supera los 20 metros de altitud. El punto más bajo está cerca de Róterdam, que está a 6,75 metros por debajo del nivel del mar; el más alto está en el Drielandenpunt (punto de tres países), en la frontera con Bélgica y Alemania, situado a 321 metros de altura.

La protección natural de un imponente conjunto de dunas naturales se une a la construcción de diques artificiales e impresionantes obras de ingeniería para protegerse del mar y, al mismo tiempo, para ganar terreno al agua y construir tierra firme. El viajero puede experimentar la sensación curiosa de estar paseando en unos terrenos que no existían cuando él nació. Los holandeses tienen un dicho: “Dios creó el mundo, pero Holanda la crearon los holandeses”.

La mayor parte de la población se concentra en las zonas centro y occidental del país. El llamado Randstad es una concentración urbana, como un semicírculo, formada por Ámsterdam, Róterdam, Utrecht y La Haya, los grandes focos de población, a las que se unen otras más pequeñas en las fronteras con Bélgica y Alemania. El resto del país es una combinación de zonas agrícolas, pequeñas ciudades y parques y zonas naturales protegidas.

Holanda es un país dinámico que combina el respeto y el gusto por la tradición con la modernidad, el cosmopolitismo y el gusto por lo alternativo. La arquitectura tradicional de las granjas y los molinos se combina con los rascacielos, y los rebaños de ovejas pastan en los terrenos de un moderno complejo industrial. Las autopistas son cruzadas por ecoductos, pasajes que permiten a la fauna de los parques naturales cruzar de lado a lado. En muchas ciudades pequeñas y pueblos cuentan con granjas infantiles con animales, para transmitir a los niños el amor a la naturaleza.

Molinos, tulipanes, bicicletas y queso son los iconos típicos del país. Pero la manera de ser de su sociedad es lo que lo hace especial para el visitante. Tolerantes con la diferencia y siempre dispuestos a sacar la mejor parte de las dificultades cotidianas, los holandeses son disciplinados y amantes de la eficacia, pero al mismo tiempo nunca dirán que no a una cervecita fresca o a un chocolate caliente cuando el trabajo está listo. No en vano se les conoce como “los mediterráneos del Norte”.

ANTES DE PARTIR

CUÁNDO VIAJAR

Las mejores estaciones para visitar Holanda son la primavera y el verano, por tener mejor clima. En primavera es la época de los bulbos en flor y de junio a septiembre se celebran acontecimientos culturales, musicales y de todo tipo. De todas maneras, el invierno es una época preciosa para ver la Holanda más fría y, si hay suerte, patinar en canales y lagos. Y la Navidad ofrece múltiples mercadillos y los fuegos artificiales de Nochevieja. Otoño cuenta con los bosques de color dorado y la fauna que se deja ver con más tranquilidad en los parques naturales.

En general, la época más lluviosa es la primavera y la más fría, el final del invierno. De todos modos, al viajar a los Países Bajos hay que llevar siempre un poco de ropa de abrigo en la maleta y equipamiento adecuado para la lluvia y el viento, ya que el clima es muy cambiante.

Tulipanes

Para disfrutar de los campos de tulipanes en su máximo esplendor hay que viajar en primavera, pero es recomendable informarse bien, porque debido al tiempo la floración puede trasladarse entre marzo o mayo. Una buena pista para saber cuándo estarán en su punto es ver las fechas de apertura de la exposición del parque Keukenhof, en Lisse, que ofrece composiciones florales y cuya celebración cambia cada año en el calendario.

CÓMO IR

Avión

Las principales rutas aéreas que llevan desde España hasta Holanda son varias. El aeropuerto principal es el de Ámsterdam, el aeropuerto de Schiphol. El trayecto dura algo más de 2 horas. También se puede llegar con otras compañías a través de los aeropuertos de Eindhoven, Róterdam y Maastricht. Dependiendo de la zona que se quiera visitar, es muy recomendable llegar vía el aeropuerto de Charleroi, a 50 km de Bruselas, o el de Weeze, en Alemania, al lado de la frontera holandesa y a 30 km de la ciudad de Nimega (Nijmegen).

Bajo el aeropuerto de Schiphol está la estación de ferrocarriles, desde donde salen trenes hacia el centro de Ámsterdam cada 15 minutos. El trayecto dura unos 20 minutos. También de allí salen trenes a las principales ciudades de Holanda y a otros países. Hay también muchas líneas de autobús y servicios lanzadera de autocares que conectan con hoteles y calles del centro.

Coche o tren

Desde la frontera de España con Francia hasta Holanda hay, como mínimo, unas 13 horas de coche. Casi lo mismo es lo que tarda la conexión en autocar y en tren. En este caso es necesario cambiar de tren, y de estación, en París.

Lo más práctico es llegar al país con avión y una vez allí alquilar un coche o desplazarse en tren o autocar.

DOCUMENTOS Y MONEDA

En base a los acuerdos de Schengen, para viajar a Holanda, como país miembro de la UE, no es necesaria ninguna formalidad extra, pero se debe llevar el DNI o el pasaporte en vigor. Asimismo, es importante contar con la tarjeta de asistencia sanitaria europea, que permite los convenios con la Seguridad Social española.

La moneda holandesa es el euro y el voltaje de la electricidad es igual que en España. Hay muchos establecimientos que no aceptan tarjetas de crédito, con lo que es recomendable llevar también efectivo.

DROGA Y PROSTITUCIÓN

La droga y la prostitución son los dos grandes temas por los que todo el mundo se pregunta al hablar de Ámsterdam. La sociedad holandesa puede parecer muy tolerante si se la compara con otros países de nuestro entorno, y en muchos temas lo es. Sin embargo, en torno a esto hay muchos mitos a desterrar.

Los holandeses y en concreto los habitantes de Ámsterdam están un poco hartos de que se identifique su ciudad con un fumadero de marihuana y un burdel. Es cierto que, según la legislación holandesa, la droga es ilegal pero se puede fumar hachís y marihuana en los establecimientos catalogados y rotulados como “coffee shop”, que tienen una licencia especial del Estado. En ellos se puede encontrar hasta una carta con la variada oferta que tienen, pero sin embargo no se puede consumir alcohol ni, en algunos de ellos, tabaco. La entrada está prohibida a los menores de edad.

Pero a los holandeses les gusta la libertad pero también, y mucho, las normas. El viajero puede estar fumando un porro dentro de un *coffee shop* sin ningún problema, pero si sale a la calle para disfrutarlo en la acera tomando el sol se puede encontrar con un policía municipal que le ponga una multa que le va a salir cara. Y ante cualquier duda sobre un establecimiento, el Estado lo cierra inmediatamente. Es ilegal producir, poseer, vender, importar y exportar drogas. Los *coffee shop* solo pueden vender drogas blandas y en pequeñas cantidades, no más de cinco gramos de cannabis por persona al día.

En los últimos años el gobierno se ha puesto las pilas y el tema de las drogas se afronta ahora con mucha más severidad. Los heroinómanos están atendidos y, de hecho, se experimenta una sensación de más peligro al pasear por otras ciudades europeas que por Ámsterdam. Los servicios sociales de la ciudad están a menudo desbordados con los *hippies* de los años 70 que llegaron a la ciudad aspirando la libertad y quedaron atrapados en la adicción.

Lo mismo pasa en torno a la prostitución. El viajero se sorprende al ver a las prostitutas saludar desde los escaparates iluminados de color rojo, a veces en fachadas adosadas a iglesias.

La prostitución está regulada en tierras neerlandesas, pero aunque la situación de estas mujeres, a nivel de seguridad y derechos, es infinitamente mejor que las de otras ciudades, no hay que olvidar que sigue existiendo la trata de personas y que muchas de las chicas que saludan –a veces alegremente a un niño que las mira con un globo en la mano- son menores de edad y llegadas de manera irregular de países muy pobres.

En los últimos años han surgido varios movimientos sociales y políticos que han denunciado la situación del Barrio Rojo de Ámsterdam, donde se concentran la mayor parte de escaparates. El ayuntamiento de la ciudad está intentando frenar la masificación en esas calles. Desde el consistorio se considera que en los últimos años el aumento de los turistas en esta zona ha ido ligado a un incremento de la criminalidad y violencia en las calles, con abuso de alcohol incluido. Por eso han puesto en marcha una campaña para regular la densidad de personas en las calles del barrio, y agentes municipales dirigirán a los turistas hacia otras zonas menos concurridas o les multarán si muestran conductas incívicas.

Las denuncias desde diversos movimientos por la situación de la mujer han hecho que poco a poco el número de prostitutas en el Barrio Rojo vaya decreciendo. Pertenece al viajero la decisión de si quiere participar en la cara más sórdida de Ámsterdam o contribuir a una sociedad más igualitaria y justa.

El consumo de alcohol está permitido solo a mayores de 18 años, y son muy estrictos. Incluso si un joven está con su familia en una terraza y pide una cerveza, si su apariencia es de ser más joven de 18, los camareros le pedirán sin dudar la identificación para comprobarlo.

Recientemente se han multiplicado los espacios públicos, como plazas o ciertas calles, con carteles de prohibición de beber alcohol o fumar porros. La multa para los que infringen la prohibición es de 95€.

EN HOLANDA

OFICINAS DE TURISMO

Repartidas por todo el país, hay más de 300 oficinas de turismo, indicadas con las siglas VVV, con las tres letras formando un triángulo. Allí se puede encontrar todo tipo de informaciones locales, mapas, entradas, relaciones de alojamientos y restaurantes… El órgano nacional oficial es la Oficina Nacional de Turismo y Congresos de Holanda, con la web *www.holland.com*. que ofrece numerosa información y noticias.

> En los museos y centros culturales hay importantes **descuentos** para diferentes colectivos, y las familias también cuentan con muchas facilidades para ir con sus hijos, que a menudo entran gratis hasta los 18 años.

TRANSPORTE PÚBLICO

El transporte público es muy completo, tanto dentro de las ciudades como en servicios interurbanos. Para el turista, es muy recomendable adquirir alguno de los paquetes combinados con descuentos en transportes y visitas.

Trenes y autobuses

El tren es un medio muy cómodo para trasladarse entre ciudades. Cuenta con una red muy completa que conecta todo el país, y las estaciones suelen estar en lugares muy céntricos. Por ejemplo, de Ámsterdam a Utrecht se tardan 30 minutos en tren, o de Ámsterdam a La Haya, 45 minutos.

Los trenes suelen estar divididos en asientos de primera y segunda clase, y normalmente se puede acceder con bicicleta. Hay que tener cuidado, porque a veces los andenes comparten dos trenes estacionados uno detrás del otro, lo que puede ser motivo de confusión a la hora de subir.

La red ferroviaria está gestionada principalmente por la Nederlandese Spoorwegen (NS). Hay diferentes billetes, como el "dagkaart", billete para un día con viajes ilimitados; el "weekendretour", para el fin de semana; además de la tarjeta monedero recargable OV-chipkaart. Hay que vigilar porque a veces estas no se pueden recargar con tarjeta de crédito sino solo con efectivo o con una tarjeta con PIN. Los trenes que conectan las ciudades más grandes, como por ejemplo Ámsterdam, Utrecht o Maastricht son conocidos como Intercity. Los trenes Sprinter conectan destinos regionales con ciudades grandes, como el sistema de cercanías. Los billetes se pueden comprar en las taquillas o en las máquinas expendedoras de las estaciones. *www.ns.nl*.

La red de trenes está conectada con la red de autobuses de línea, con lo que se cubre todo el territorio. La empresa que lo gestiona en casi toda Holanda es Connexxion, tanto en servicios urbanos como interurbanos. *www.connexxion.nl*.

Transporte público en ciudades

En las grandes ciudades lo más cómodo y habitual es coger el tranvía. El metro, teniendo en cuenta que gran parte del país está bajo el nivel del mar, es residual, y solamente funciona en Ámsterdam y en Róterdam. En Ámsterdam tiene una modesta red, la última parte de la cual (la línea Norte-Sur) se inauguró en 2018, con grandes retrasos: durante su construcción hubo que hacer un túnel por debajo del río y los edificios centenarios del centro, y alguno de ellos sufrió pequeños desplazamientos.

En las oficinas de turismo se puede conseguir un completo mapa del transporte público, como tranvías y autobuses (y metro en el caso que haya). Es conveniente adquirir algún tipo de abono. Para conocer todas las opciones de transporte público, rellenando el origen y el destino: *https://maps.gvb.nl/en*.

Hay una tarjeta recargable que combina el tren y los medios de transporte urbanos, la **OV-chipkaart**, que puede ser personal o no (en ese caso, se llama "anónima"). También hay billetes que ofrecen viajes ilimitados a determinadas horas, como el **Amsterdam Travel Tiquet**. De todas maneras, el tamaño de las grandes ciudades de Holanda permite fácilmente visitarlas a pie o en bicicleta. En la web oficial de la red de transporte público de Ámsterdam (GVB) se puede encontrar todo tipo de información sobre el mapa de las líneas en la ciudad, planificador de rutas, cómo comprar los billetes y toda la oferta disponible. Los billetes se pueden comprar en diversas tiendas y en las taquillas y máquinas expendedoras de las estaciones. *www.gvb.nl*

Para el turista, es muy recomendable adquirir alguno de los paquetes combinados con descuentos en transportes y visitas. Por ejemplo, para Ámsterdam, es muy útil comprar el llamado **"I Amsterdam City Card"**. Es un paquete compuesto por una tarjeta, un tiquet para el transporte público, y una guía. Da derecho a utilizar gratis los transportes públicos de la red municipal, así como una excursión gratuita en barco por los canales de Ámsterdam. También incluye la entrada gratis en más de 25 museos y lugares de interés, descuentos en varios restaurantes, y la posibilidad de aparcar el coche en las zonas "P+R" (Park and Ride) de la ciudad con un descuento del 50%. El paquete se puede comprar con validez para 24, 48, 72, 96 y 120 horas. Precio: 60, 80, 95, 105 y 115€ respectivamente. Se puede adquirir online en la web turística *www.iamsterdam.com*.

Para Holanda, existe un paquete similar pero con más tiempo de vida, llamado **Holland Pass**, que cubre los principales monumentos y museos del país. Se compra *online* una tarjeta, en tres modalidades de precios (40, 55 y 72 €), que incluyen más o menos atracciones, y además da derecho a descuentos en más de un centenar de tiendas y restaurantes. *www.hollandpass.com*

Bicicleta

La bicicleta es la reina en Holanda, pero hay que saber una serie de reglas para no tener un accidente no deseado. Es importante respetar el carril bici (*fietspad*) y no salirse de él. Cuando se alquila una bicicleta, a menudo hay que dejar pagado un depósito, que se recupera al devolverla. A veces no se admite el pago con tarjeta, con lo que es importante llevar encima algo de dinero en efectivo por si acaso.

Si no se domina mucho el pedalear, mejor abstenerse en las grandes ciudades como Ámsterdam, a no ser que se quiera ser insultado en todas las lenguas del planeta por los que corren –y mucho- a bordo de sus bicis por las calles.

En todos los sitios, ciudades grandes y pueblos pequeños, hay establecimientos donde se puede alquilar una bicicleta y, a veces, otros vehículos como tándems, bicis eléctricas o vehículos a pedal variados.

Automóvil

En los aeropuertos y en las ciudades se puede alquilar fácilmente un coche para trasladarse por el país. Las carreteras están en buen estado y bien señalizadas, se conduce por la derecha y no es necesario pagar ninguna viñeta ni peaje. Se puede circular con la documentación española. Paralelamente a muchas carreteras discurren los carriles bici (*fietspad*), y hay que respetar el paso de las bicicletas antes de cruzar. Ellas tienen prioridad.

Hay radares de control de velocidad en casi todas partes y las multas son caras. La policía holandesa es muy estricta con el respeto a las normas de circulación y de aparcamiento (casi siempre de pago).

DÓNDE ALOJARSE

En Holanda hay una gran variedad de alojamientos para todos los gustos y presupuestos. Se recomienda reservar con tiempo para conseguir mejores precios. Muchos hoteles ofrecen además servicio de alquiler de bicicletas o descuentos en visitas turísticas, por lo que es conveniente informarse bien.

Hoteles turísticos convencionales

Hay de todas las clases, tamaños y categorías y por todo el país. Las estrellas se determinan en función de si existen o no ciertos servicios, más allá de la calidad. Aparte de las grandes cadenas, lo más frecuente en hoteles de precio medio es disponer de un máximo de 20 habitaciones, y los hay con mucho encanto. Casi todos tienen wifi, pero en cambio servicios como aire acondicionado pueden escasear. En muchos casos, debido a la geografía y la arquitectura de los edificios, no hay ascensor y sí escaleras muy inclinadas.

Bed and breakfast

Hay muchos repartidos por todo el país. Suelen ser casas pequeñas, a menudo antiguas y con mucho encanto, que ofrecen 4 o 5 habitaciones. Muchas veces el servicio es tan personal que parece que estás viviendo con la familia.

Albergues juveniles y hostales

Hay de todos los tipos y es la opción más barata, con habitaciones compartidas pero normalmente con mucha limpieza. La asociación de albergues de los Países Bajos se llama Stayokay y está afiliada a Hostelling International.

Hostales muy económicos y de "fiesta"

Principalmente en Ámsterdam y en otras ciudades como Róterdam hay hoteles muy baratos donde el ambiente de "fiesta" es lo habitual. Sin embargo, hay que recordar que la legislación es muy estricta y, en contra de los tópicos, en muchísimos sitios está prohibido fumar marihuana o beber alcohol.

Parques de bungalós

Una opción muy interesante para alojarse en los Países Bajos es en alguno de los numerosos parques de bungalós que tienen. Son un tipo de cámping donde ofrecen bungalós muy completos y equipados, a un precio muy competitivo. La ventaja es que suelen estar en sitios naturales muy bonitos, pero también a menudo lo suficientemente cerca de las ciudades y zonas turísticas como para utilizarlos de "cuartel general". Y, a la vuelta de la excursión del día, relajarse en la piscina climatizada, o con actividades para niños, o simplemente disfrutando del bosque. Hay diversas compañías, unas más lujosas y otras más sencillas, como Center Parcs o Landal Green Parks.

Campings

Los holandeses son grandes amantes de los campings, de todos los tamaños y categorías. Todos los niños holandeses cuentan entre sus grandes recuerdos de infancia cuando iban a acampar con sus padres. Hay numerosos campings de buena calidad por todo el país, tanto para tiendas como para caravanas y autocaravanas.

Alquiler de apartamentos o casitas

En muchas zonas turísticas hay una gran oferta de alquiler de apartamentos o casitas, que en ocasiones son auténticas “villas”. Es una manera de visitar el país teniendo la sensación de vivir como los holandeses. Hay muchas webs que ofrecen estos servicios, entre otras *www.belvilla.com*.

COMER Y BEBER

Holanda no es un país que destaque especialmente por su gastronomía, y ciertamente los sitios más turísticos son progresivamente invadidos por la oferta globalizada. Pero si se escarba un poco se pueden encontrar platos muy sabrosos y sabores nuevos.

Los amantes de las verduras y las recetas ecológicas tienen aquí un buen destino. Algunos de los platos de la cocina tradicional son el “stampot”, una especie de cocido hecho con patatas y con diferentes tipos de coles, y el chucrut. Es muy destacable la contundente sopa “erwtensoep”, hecha a base de guisantes y servida con salchicha ahumada y tocino en lonchas sobre pan de centeno. El clima frío y lluvioso propicia además que en todos los cafés-restaurantes sirvan la “sopa del día” (también en verano). El pescado es muy variado y uno de los platos más destacados es la anguila ahumada.

La colonización holandesa en Indonesia se trajo algunos platos y sabores especiales. Destaca la salsa “saté”, que se sirve como acompañamiento o como plato principal para dar sabor a brochetas de pollo o bistecs de ternera. Es una salsa basada en el cacahuete y muy especiada. En los abundantes restaurantes indonesios es muy recomendable pedir una “rijstafel”: una serie de platillos de verduras, carne o pollo servidos con arroz y que permiten probar muchos sabores diferentes.

Los holandeses suelen comer a mediodía un bocadillo, que a menudo está acompañado de una ensalada variada y algo de sopa. Por la noche es cuando cenan lo que ellos llaman la "comida caliente". En las casas pueden cenar a las 6 de la tarde; los restaurantes se adaptan algo más a los turistas y pueden ofrecer cenas a las 8. En las zonas menos turísticas hay que vigilar los horarios.

En todos los cafés-restaurante hay una carta a mediodía basada en bocadillos, ensaladas o platos calientes sencillos (como huevos o sopas), y una carta con cocina más elaborada para la cena. Pero los platos sencillos de mediodía suelen ser muy completos.

Haring y kibbeling

Antes de que llegaran los *hot dogs* de Estados Unidos, Holanda ya tenía su propia fast food, en algunos casos auténticas delicatesen. Un ejemplo claro son los bocadillos de "haring" que se ofrecen en puestos callejeros en verano. Son emparedados de pan blando con arenque crudo marinado, servidos con cebolla picada. También se pueden comer al estilo tradicional: agarrar fuerte por la cola y comérselos de un bocado. También se vende "kibbeling", bacalao rebozado, que recuerda el *fish and chips* inglés. Por supuesto, las patatas fritas con mayonesa o salsa picante están también presentes.

Otra comida callejera que se tiene que probar en Holanda es lo que ellos llaman "comer de la pared": expendedores automáticos, en la calle, con pequeños compartimentos que se abren al poner una moneda, y en cuyo interior hay croquetas, empanadillas o pequeños bocadillos. Hay que probar las croquetas, grandes y gruesas, especialmente las de ternera. El "automaat" de pared más extendido por toda Holanda es el de la cadena Febo.

Los quesos son otro de los clásicos de Holanda. Más allá del edam y gouda que llega a nuestras tiendas, vale la pena probar los quesos locales de cada lugar, a menudo con gustos en los que se puede notar el aroma a hierba o especias. El queso hecho con ortigas es delicioso, así como el de comino.

Los amantes de lo dulce cuentan aquí con todo tipo de pasteles, mazapanes y galletas. La canela, la miel y el jengibre están por todas partes y en muchos mercados callejeros se pueden comprar galletas recién hechas. Los "poffertjes" son tortitas dulces pequeñas y redondas, espolvoreadas con azúcar glas. Y los "pannekoeken" son como creps pero más gruesos y se pueden comer tanto dulces como salados.

Para beber, la cerveza y la ginebra son los amos del lugar. Precisamente la tradición antigua era beber ambas bebidas al mismo tiempo. La ginebra holandesa ("jenever") está disponible en diferentes sabores y las cervezas cuentan con innumerables marcas y aromas.

Queso

Se calcula que cada holandés come una media de tres kilos de queso al año. Las grandes bolas amarillas o anaranjadas llegan a los mercados del mundo entero, y entre las variedades más conocidas están el queso Gouda y el Edam. Pero el viajero puede saborear muchas especialidades distintas en Holanda. Desde el "boerenkaas", que es obligatoriamente artesanal y con leche de la granja donde se elabora, hasta quesos con comino, clavo e incluso ortigas

Por cierto, si se quiere poner nervioso a algún holandés, basta con cortar mal un trozo de queso, de manera irregular o con curvas. Rápidamente cogerá su kaasschaaf, un instrumento presente en todas las cocinas holandesas para cortar finas lonchas de queso sin malograr el trozo grande, y arreglará el estropicio.

DE COMPRAS

Horarios de las tiendas

Las tiendas generalmente están abiertas desde las 9 hasta las 18h de lunes a sábado, y los jueves cierran a las 21h. Los domingos, en las ciudades grandes, pueden estar abiertas entre las 13 y las 17h. De todas maneras, los horarios cada vez tienden más a alargarse, y ya no es raro encontrar establecimientos que abren todos los días de la semana, o las 24 horas, especialmente en las zonas más turísticas.

Mercados

Los holandeses son grandes amantes de los mercados. En todas las ciudades se instalan semanalmente varios mercados callejeros diferentes, que aglutinan una oferta muy variada, desde alimentación hasta productos de segunda mano, curiosidades y trastos diversos.

Vale la pena pasearse por estos mercados, donde además de respirar una parte importante de la vida cotidiana de los holandeses, se pueden comprar recuerdos bonitos del país.

Souvenirs, libros y comida

Si lo que se prefiere es comprar los típicos *souvenirs*, se puede encontrar de todo: zuecos de madera, decorativos o para usar; bulbos de flores; cerámicas azules de Delft; objetos decorativos decorados con motivos holandeses… También cosas ricas de comer para llevarse a casa, como quesos, galletas o chocolates. En el aeropuerto de Schiphol se pueden comprar productos frescos *delicatessen*, empaquetados refrigerados para llevar del avión a la nevera de casa, como la anguila ahumada o el arenque.

Los amantes de las antigüedades y los libros viejos tienen en Holanda una meca, con abundantes tiendas, galerías y librerías donde se pueden encontrar obras de diferente valor. Asimismo, las tiendas *vintage* y de ropa y productos de segunda mano están por todas partes.

HOLANDA DE UN VISTAZO

Ámsterdam

La capital de los Países Bajos es una ciudad repleta de vida y con una inmensa oferta de ocio, cultural y social. Los canales del Siglo de Oro, la ciudad medieval y los barrios de los gremios y artesanos conviven ahora con una efervescencia multicultural y locales siempre a punto para disfrutar de una buena tertulia y una cerveza.

Haarlem y la provincia de Noord Holland

Esta zona es una de las más turísticas del país, ya que concentra muchos de los iconos más representativos. Cientos de molinos, paisajes de diques y *pólders*, vacas y campos de tulipanes hacen de esta zona una combinación de tradición y naturaleza. Haarlem es una coqueta caja de bombones para disfrutar sin prisas.

De Róterdam a Zeeland

El dominio del agua ha sido una constante en la historia de los holandeses, y esta zona es una de las que mejor lo ejemplifica. Los grandes diques del Plan Delta de la provincia de Zeeland protegen el país. El puerto de Róterdam es uno de los más grandes del mundo, y la ciudad es un compendio de arquitectura moderna y vanguardia.

De Utrecht a Arnhem

El corazón verde de Holanda está repleto de antigos castillos reconvertidos en mansiones señoriales, en las orillas de los ríos que servían de fronteras. Algunos de los mejores parques naturales del país se encuentran en esta zona. Utrecht es una ciudad universitaria repleta de vida. Desde esta zona también se puede explorar el sur más tradicional y la zona oriental del país, que es predominantemente agrícola.

Las islas Frisias

El collar de pequeñas islas del mar de Frisia es uno de los secretos mejor guardados de Holanda. Pequeños paraísos naturales donde los protagonistas son las aves, las focas, las dunas y el paisaje cambiante que forman las mareas del mar interior de Wadden. Ideal para amantes de la naturaleza, ciclistas y caminantes.

AGENDA

ENERO

→ Baño en la playa

En la playa de Scheveningen, al lado de La Haya, es tradición empezar el año dándose un chapuzón. Una tradición que empezó en 1965 y que actualmente atrae a más de 10.000 personas que se bañan sin miedo en las heladas aguas del Mar del Norte.

→ Tulipanes

El Día Nacional del Tulipán abre oficialmente la temporada de esta flor. En esta jornada, los cultivadores holandeses organizan un evento donde todo el mundo puede recoger tulipanes gratis en un jardín recreado para ello en la plaza Dam de Ámsterdam.

→ Festival de cine

Festival Internacional de Cine de Róterdam. Destaca por el protagonismo que se da a las nuevas voces del sector.

FEBRERO

→ Carnaval

Normalmente es la época de celebración del carnaval, que es especialmente destacado en el sur. En Brabante y Limburgo es donde más se desmadra, y sobre todo en Maastricht, con desfiles, baile y mucha cerveza.

MARZO

→ Tefaf

La Feria Internacional de Arte y Antigüedades TEFAF, en Maastricht, reúne a los principales anticuarios de todo el mundo y piezas de arte que hacen subir las subastas internacionales.

→ Keukenhof

Entre marzo y abril se inaugura el parque Keukenhof, donde cada año se exhiben composiciones florales espectaculares hechas con 7 millones de flores de bulbo, como tulipanes, jacintos y narcisos.

ABRIL

→ El día del Rey

El día 27 de abril se celebra el Koningsdag, cumpleaños del Rey. Toda Holanda sale a la calle, la gente va ataviada en color naranja, a celebrar, beber, cantar y vender los trastos viejos en un mercadillo callejero por todo el país.

El cumpleaños del Rey

El espíritu comerciante y alegre de los holandeses se puede comprobar en cualquiera de los mercados al aire libre, pero, especialmente, en la celebración del Koningsdag, el día del cumpleaños del Rey. Desde la coronación del actual rey Guillermo Alejandro, este día se celebra en su cumpleaños, el 27 de abril. Los holandeses salen a la calle, literalmente, vestidos, engalanados y disfrazados en tonos naranja, el color de la Casa Real de Orange. Y celebran el "Vrij markt", es decir, el "mercado libre": todo el mundo puede vender y comprar lo que quiera, sin tener que pedir permiso a las autoridades.

Las calles se llenan: desde trastos viejos que se acumulan en el desván hasta vinilos de colección, galletas caseras o conciertos de los músicos, infantiles o adultos, de cada casa. Fiesta ciudadana, risas, cervezas, brindis con el licor "oranjebitter" y, sobre todo, ganas de celebrar la vida.

→ Desfiles de flores

Entre abril y mayo se celebran desfiles de carrozas hechas con flores, como el Bloemencorso, de Noordwijk a Lisse.

MAYO

→ Día de los molinos

El segundo sábado de mayo es el día nacional de los molinos: más de 900 molinos de todo el país abren las puertas a las visitas, para compartir su historia. El evento es gratuito, aunque se agradecen aportaciones para su mantenimiento.

→ Arenques

El vlaggetjesdag es el “día de la bandera”, en que se celebra la fiesta para anunciar los primeros arenques de la temporada. En el puerto de Scheveningen llegan los pescadores en barcos engalanados y abanderados, con la tradición de competir para llevar los primeros ejemplares a la reina. Muchos espectáculos en la calle.

→ Carrera de remos en alta mar

La carrera de barcos de remos, del tipo trainera, entre Harlingen y la isla de Terschelling es un clásico. Se celebra cada año en el mes de mayo y convoca a más de 120 barcos que reman los 30 kilómetros contra viento y marea, nunca mejor dicho.

→ La Liberación

El 5 de mayo se celebra el día de la liberación de Holanda de los nazis en la Segunda Guerra Mundial. Se convocan muchos actos, conferencias y conciertos por todo el país.

→ Avistamiento de Aves

En la isla de Texel, los amantes de las aves tienen alrededor del mes de mayo el Festival de Avistamiento de Aves. Voluntarios y guías explican a los visitantes las diferentes especies que pueden ver.

JUNIO

→ Música y DJs

El festival The Flying Dutch se celebra simultáneamente en Ámsterdam, Róterdam y Eindhoven, y acoge los DJs más importantes del mundo en conciertos multitudinarios. El primer sábado de junio, que también es el Día Nacional de la Danza.

→ Jardines

El tercer fin de semana de junio se celebran los días de jardines abiertos, una oportunidad para ver más de 30 jardines privados junto a los canales de Ámsterdam.

JULIO

→ Circo, magia y teatro

El festival itinerante De Parade es uno de los más antiguos e importantes del mundo. Inspirado en el mundo del circo, se instala en grandes parques para ofrecer espectáculos alternativos de pequeño formato, como magia, circo, teatro o música. Normalmente se paga una pequeña entrada simbólica, y luego hay que pagar tiquets aparte para las actuaciones. Se celebra entre julio y agosto en las ciudades de Ámsterdam, La Haya, Utrecht y Róterdam.

→ Cuádruple Marcha Internacional

La tercera semana de julio se celebra cada año en Nijmegen el Four Days Marches international, que atrae aproximadamente 45.000 participantes de 46 países. Hay diferentes recorridos, de 30, 40 o 50 km al día.

→ Jazz

El North Sea Jazz es uno de los festivales de jazz más importantes del mundo. Se celebra en Róterdam a lo largo de tres días y acoge a 65.000 visitantes cada año que disfrutan de los 1.500 artistas internacionales que se reparten los 15 escenarios del estadio.

AGOSTO

→ Música en los canales

El Grachtenfestival es un festival de música clásica en jardines y canales en Ámsterdam. El más importante es el concierto gratis en un escenario flotante en el canal de Prinsengracht, un concierto que congrega cada año a miles de asistentes.

→ Desfile del orgullo gay

Amsterdam Gay Pride. El desfile del orgullo gay que se celebra en muchas ciudades, solo que aquí figura el único desfile acuático de este tipo, entre el Prinsengracht y el Ámstel.

→ Arte en las islas

El festival Horizontoer se celebra en diferentes días de agosto en cuatro de las islas Frisias (todas menos Schiermonnikoog). Actuaciones de artistas reconocidos junto a jóvenes promesas, música, teatro, cabaret, *performances* y actuaciones alternativas. En diferentes espacios, desde salas de teatro hasta la playa.

→ Festival culinario

Maastricht acoge el festival culinario más popular de los Países Bajos, el Preuvenemint, que se celebra a finales de agosto.

→ Barcos de vela

Cada 5 años (los años acabados en 0 y en 5) se celebra en Ámsterdam el Sail, un encuentro internacional de barcos de vela históricos de todo el mundo. Ambiente festivo, con regatas, espectáculos y todo tipo de actividades relacionadas con los veleros.

SEPTIEMBRE

→ Puerto de Róterdam

El puerto de Róterdam celebra sus días abiertos al público, normalmente a primeros de septiembre, para conocer las tripas de esta infraestructura gigantesca. Además, muchas ferias, espectáculos y eventos familiares acompañan esta iniciativa.

→ Monumentos abiertos

El día del Open Monumenten (segundo fin de semana de septiembre) se abren al público miles de lugares que normalmente no se pueden visitar. Aproximadamente 4.000 monumentos y edificios históricos se dejan visitar por todo el país.

OCTUBRE

→ Diseño holandés

La semana del diseño holandés ofrece más de 300 eventos en Eindhoven, para visibilizar el amplio campo del diseño de artistas del país. Se conceden los premios nacionales del diseño y acuden más de 300.000 personas de todo el mundo.

→ Literatura y arte

El festival Crossing Border reúne literatura, música, cine y artes visuales en el centro de la Haya. Miles de creadores de todo el mundo se dan cita aquí, en un programa ecléctico que potencia el contacto con el público.

NOVIEMBRE

→ Luz en Eindhoven

Eindhoven celebra que fue el lugar donde nació la fábrica de bombillas Philips con un festival de luz donde artistas internacionales hacen brillar la ciudad. Las instalaciones se reparten por toda la localidad haciéndola brillar, como indica el nombre del festival, Glow Eindhoven.

→ El barco de Sinterklaas

A finales de mes llega Sinterklaas (San Nicolás) con su barco desde España, en una gran festividad donde es recibido con honores por las autoridades. Hasta el día 5 de diciembre está por las calles del país, de manera mágica, controlando si los niños se han portado bien. Los pequeños deben dejar sus zapatos al lado de la chimenea o la puerta, y por las noches Sinterklaas y sus ayudantes les van dejando chocolatinas o pequeñas sorpresas.

DICIEMBRE

→ Sinterklaas

El 5 de diciembre por la noche llega Sinterklaas a casa de todos los niños a dejar regalos si se han portado bien. Aunque es una fiesta familiar, quizá el turista se encuentre a Sinterklaas y sus ayudantes por la calle, con sus sacos cargados y repartiendo golosinas a los transeúntes.

→ Mercados de Navidad

Aunque no existe la tradición de sus vecinos alemanes, en muchas ciudades de Holanda también se celebran mercados navideños. Algunos de los más destacados son Dordrecht y Maastricht. Otras ciudades cuentan con tradiciones como el festival Dickens de Deventer o la noche de las velas de Gouda. También muchas ciudades instalan pistas de patinaje sobre hielo y actividades para todas las edades.

→ Festival de la luz

El Amsterdam Light Festival se celebra de principios de diciembre a mediados de enero. Los principales monumentos se iluminan con motivos decorativos para dar lugar a una ruta muy frecuentada y con toques mágicos.

1. LOS CANALES Y EL JORDAAN

Este itinerario parte de la estación central de trenes para adentrase en el entramado de canales construidos en el Siglo de Oro y en el barrio del Jordaan. Se puede empezar asombrándose ante una de las casas más estrechas de la ciudad, en la calle Singel número 7. Se camina por el canal Brouwers Gracht hasta la Noorder Kerk, la iglesia construida para los habitantes del Jordaan que no querían asistir a una iglesia "burguesa" como la Westerkerk.

Siguiendo el Prinsen Gracht entramos a la derecha hacia el barrio del Jordaan, lleno de callejuelas con nombre de flores y jardines, por Anjelierstraat, Eerste Tuindwarsstraat, Tuin Straat, Egenlantiersstraat y Egelantiersgracht. Cruzamos en canal por Leliegracht (o por Bloemgracht, uno de los más bonitos del barrio), para adentrarnos en el abanico concéntrico formado por los tres grandes canales, Herengracht, Keizersgracht y Prinsengracht.

En este último canal está el museo Ana Frank y a su lado la iglesia Westerkerk, de estilo renacentista y rematada en lo alto de su campanario por la corona imperial, privilegio concedido a la ciudad por Maximiliano de Austria.

Siguiendo en zigzag por los tres canales, llegamos al museo dedicado a los canales, en Herengracht, en el que comprender mejor cómo funciona este entramado urbano desde hace siglos. Al lado, el barrio de las 9 callejuelas, entre Leidsestraat, Prinsengracht y Singel, está repleto de tiendecitas con encanto y cafés acogedores.

Siguiendo la bulliciosa Leidse Straat llegamos a la plaza Leidse Plein y de aquí a la plaza de los museos, dominada por el bello edificio del Rijksmuseum. Muy cerca, el Vondelpark permite relajarse y disfrutar de la naturaleza y de animadas terrazas.

2. NÚCLEO HISTÓRICO MEDIEVAL

Este itinerario parte de la plaza Dam, centro neurálgico de la ciudad, y nos lleva al núcleo histórico medieval y a la parte oriental de los canales. En la plaza Dam, emplazamiento del primer dique de la ciudad, se encuentra el Palacio Real, edificado en el siglo XVII sobre más de 13.000 pilones que aseguran los cimientos y la iglesia Nieuwe Kerk, de estilo gótico, y que acoge exposiciones y eventos.

Nos desviamos un poco hasta llegar al Singel, que seguimos hasta Raamsteeg y Rosmarijnsteeg, que nos lleva al edificio del museo histórico de la ciudad, la galería de las guardias y al lado, el pequeño oasis del Begijnhof, lugar de residencia de las beguinas fundado en el siglo XIV.

Cruzamos el Singel por Wijde Heisteeg y luego bordeamos el canal hasta llegar al mercado de flores y a la Muntoren , la torre de la moneda de estilo barroco construida en el siglo XVII.

Desde aquí vale la pena adentrarse un poco en los canales, pasando por las calles Reguliersbreestraat, bordeando Remblandtplein y llegando a uno de los sitios más bonitos de la ciudad. La calle Reguliersgracht es una de las vías más románticas de la ciudad y cuando cruza el Herengracht se pueden admirar al mismo tiempo quince puentes sobre los canales.

Se sigue el Reguliersgracht hasta el Prinsengracht, y desde allí se cruza el río Ámstel por otro de los puentes más fotografiados de la ciudad, el Magere Brug.

Desde allí se entra en el barrio del Plantage, por el Nieuwe Heren Gracht, y al cruzar el Oudeschans vemos a la derecha la torre Montauban, torre que antiguamente protegía los astilleros y construída en tres niveles muy diferentes entre sí.

Seguimos por Oudeschans hasta Sintantoniesbreestraat, hasta llegar a la plaza Nieuwe Markt, con el edificio De Waag en el medio, que había sido una de las puertas de la muralla medieval y luego el edifico de la balanza pública. Desde la plaza llegamos a la torre Schreierstoren, donde las mujeres lloraban la partida de sus maridos a la mar, y la iglesia de San Nicolás.

Desde allí volvemos a adentrarnos en las callejuelas medievales que forman el barrio rojo, por la Oude Zuid Voorburgwal, para ver la Oude Kerk y el museo de la iglesia clandestina Nuestro Señor en la Buhardilla.

Saliendo a la calle Dam Rak encontramos más amplitud y podemos ver el edificio modernista de la bolsa, De Beurs, antes de volver otra vez al punto de partida en la plaza Dam.

3. EL CORAZÓN VERDE DE HOLANDA

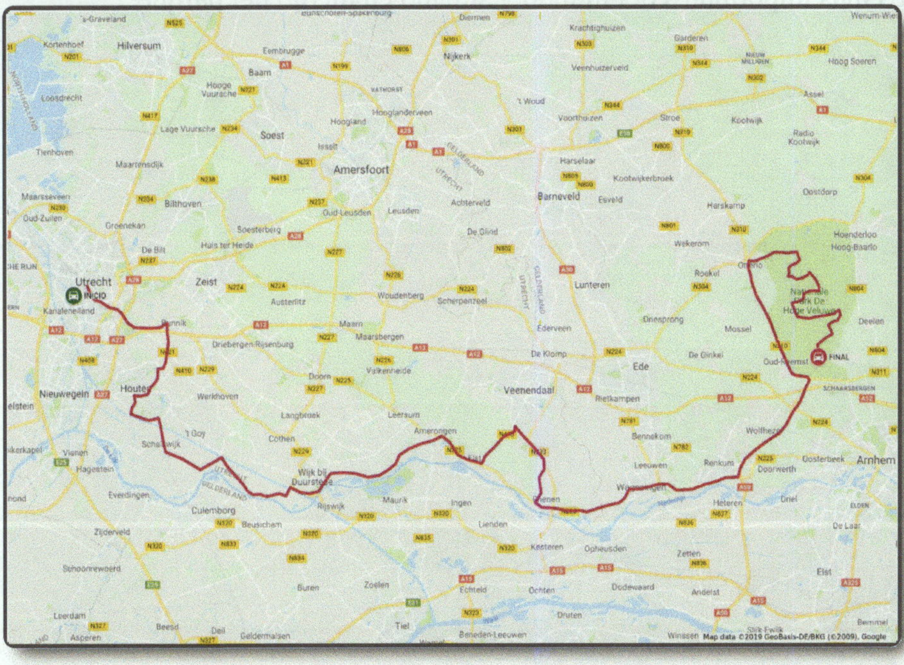

Esta ruta comienza en la ciudad universitaria de Utrecht, donde vale la pena disfrutar de su bullicio y animación. Visitas obligadas son subir a la Domtoren, el campanario más alto de Holanda, de estilo gótico y con 465 escalones, y el museo van Sspeelklok tot Pierement. Este museo posee una magnífica colección de instrumentos musicales mecánicos, desde carillones, cajas de música y organillos, con muchas piezas antiguas e incluso del siglo XVIII. Se puede disfrutar de esta ciudad durante un día.

Al día siguiente es recomendable hacer una ruta tranquila en coche a la orilla del río Lek, pero antes se puede visitar el museo de la línea de defensa acuática, en Bunik, ya que los fuertes están a solo 8 km de Utrecht.

El río Lek transcurre por un paisaje apacible típicamente holandés. Una vez pasada Wageningen, es recomendable seguir por la A50 hasta Otterlo, que nos situará a las puertas del parque nacional de Hoge Veluwe.

El tercer día hay que olvidar el coche y convertirse en un holandés. A la entrada del parque, en Otterlo, se pueden coger las bicicletas blancas disponibles para el visitante, y disfrutar de un día de naturaleza y cultura. Mientras se pedalea se puede respirar el aire de los bosques y luego se puede admirar la obra de Van Gogh en el museo Kröller Müller, uno de los más importantes del mundo y situado en medio del parque.

4. LOS ICONOS DE HOLANDA

Esta ruta comienza en la ciudad de Haarlem y nos lleva a algunos de los lugares más icónicos del país. Haarlem es una ciudad elegante, dinámica y acogedora, con canales, callejuelas que parecen acabadas de salir de un cuadro de Vermeer y museos, como el Tylers y el Frans Hals, de primera línea mundial. Durante todo el día se puede disfrutar de esta ciudad.

Al día siguiente se empieza una ruta por la provincia de Noord Holland. La primera parada es Alkmaar, con su tradicional mercado de quesos. En la cercana Broek op Langedijk se puede asistir a la subasta de verduras como se hacía antiguamente. Se puede acabar el día en Enkhuizen y visitar su museo al aire libre.

Entre Enkhuizen, Hoorn y Medemblik hay una ruta turística formada por un tren de vapor y un barco de vapor, que puede llevar todo un día y tiene mucho encanto.

Después se puede continuar la ruta hacia el sur, para ver las localidades de Marken, Volendam y Monnickendam, a cual más pequeña y más pintoresca. En la vuelta vale la pena circular por los históricos *polders* de Beemster y Schermer, para vivir la sensación de conducir por lo alto de un perqueño dique rodeado de molinos y campos verdes con ovejas. La localidad de Rijp, en el Beemster, está catalogada como uno de los pueblos más bonitos de Holanda.

Después se puede continuar hacia el sur hasta llegar a Zaanse Schans, un museo al aire libre con todos los iconos que el viajero quiera fotografiar, al alcance de su mano.

ARTE Y CULTURA

PINTORES DEL SIGLO DE ORO

El arte y la cultura de Holanda tienen una raíz muy profunda en el Siglo de Oro. Los maestros flamencos y holandeses marcaron toda una línea creativa en la que la luz, los retratos y las recreaciones de la vida cotidiana eran los amos.

En el siglo XVI maestros flamencos como Jan van Eyck o El Bosco representaban escenas bíblicas o alegóricas para sus principales clientes, la Iglesia y la corte real española. En el XVII, cuando los españoles fueron expulsados de los Países Bajos, estos dos clientes desaparecieron, y los artistas empezaron a trabajar para la sociedad burguesa, que necesitaba imágenes que reforzaran su estatus social. De esta época son los grandes maestros Rembrandt, Frans Hals o Vermeer, que retrataban escenas de la burguesía y de la vida cotidiana que les rodeaba.

Van Gogh y la actualidad

El otro gran maestro de la pintura holandesa pertenece ya al siglo XIX. Vincent van Gogh es sin duda uno de los grandes en el mundo, a pesar de que en vida solo consiguió vender un cuadro y vivió en la pobreza y con muchos problemas. A principios del siglo XX el modernismo del *arte nouveau* y, después, las vanguardias europeas, se plasmaron en Holanda bajo el nombre de De Stijl, con nombres como Mondriaan o Rietveld. Llegó luego el grupo Cobra, con el expresionismo abstracto de obras de artistas como Karel Appel.

LETRAS, MÚSICA Y ARQUITECTURA

La literatura actual cuenta con nombres importantes como Cees Nooteboom, Harry Mulisch, Hella S. Haasse o Jan Wolkers. La música ha añadido al panorama internacional nombres como los violinistas Janine Jansen y André Rieu o el pianista Ronald Brautigam, en música clásica, y André Hazes, De Dijk o Ramses Shaffy en música actual. El teatro tiene una larga tradición, especialmente en lo que concierne a pequeño formato al estilo cabaret crítico, como Paul de Leeuw o Freek de Jonge. La danza cuenta con compañías nacionales de mucho prestigio, como el Nationaal Ballet.

Desde la Segunda Guerra Mundial, en toda Holanda se ha producido un gran movimiento de renovación arquitectónica, que a veces consistía en la restauración de lo destrozado en la guerra, pero la mayoría de las veces fue la aplicación de teorías modernas y vanguardistas. En los últimos años han surgido edificios icónicos firmados por arquitectos de renombre mundial, como Rem Koolhaas y el estudio ubicado en Róterdam de MVRDV. Estos dos equipos están entre los diez más influyentes a nivel mundial. El diseño, tanto de interiores como de moda, es uno de los motores económicos importantes actuales.

LIBROS PARA LEER ANTES DE VIAJAR

Algunos de los libros que se pueden leer y películas que se pueden ver antes de viajar para entender mejor la sociedad holandesa son:

• **El diario de Ana Frank** ***Ana Frank***. Los pensamientos de la adolescente Ana mientras está escondida de los nazis en una casa en Ámsterdam con su familia. Para conocer más sobre la vida cotidiana y la época difícil de la ocupación alemana y los desastres de la guerra.

• **La joven de la perla** ***Tracy Chevalier, 1999***. Novela que se presenta como una "biografía" del cuadro "La joven de la perla" de Vermeer. Para adentrarse en la vida en el Siglo de Oro de los burgueses holandeses y del mundo que les rodeaba.

• **La cena** ***Herman Koch, 2009***. Ambientada en la época actual. Dos hermanos y sus esposas salen juntos a cenar a un restaurante. Poco a poco se descubre que sus hijos están vinculados a un crimen, y se ve la forma de reaccionar de los padres.

• **El atentado** ***Harry Mulisch, 1986***. El asesinato de un colaboracionista en la época de la ocupación nazi marcará el desarrollo de un joven a lo largo de toda su vida.

• **En las montañas de Holanda** ***Cees Nooteboom, 2009***. Aborda la relación entre realidad y fantasía.

• **Cartas de Vincent van Gogh** ***2012***. El libro recopila 900 cartas que intercambiaron Vincent van Gogh y su hermano Theo, unidos por una gran complicidad y que retratan la época y la lucha de Van Gogh por salir adelante en el mundo del arte.

PELÍCULAS PARA VER ANTES DE VIAJAR

• **El libro negro** ***Paul Verhoeven, 2006***. Una historia llena de acción que narra cómo funcionaba la Resistencia holandesa durante la Segunda Guerra Mundial, con sus heroicidades y sus miserias. Lanzó la carrera internacional de la actriz holandesa más conocida del momento, Carice van Houten.

• **Los norteños** ***Alex van Warmerdam, 1992***. Ambientada en los años 60, narra los inicios de las urbanizaciones de casas unifamiliares en las afueras de las ciudades, con un ambiente opresivo y con historias turbias de muchos de los protagonistas, entre el deseo y la frustración. Ha ganado muchos premios.

• **Antonia** ***Marleen Gorris, 1995***. Descrita por su directora como "cuento de hadas feminista", narra la vida de la nonagenaria Antonia, que ha construido a su alrededor un universo de relaciones sociales basadas en el respeto mutuo. Oscar a la mejor película extranjera el 1996.

• **La tormenta** ***Ben Sombogaart, 2009***. Narra la historia de las grandes inundaciones de 1953 que causaron miles de muertos y cientos de ciudades inundadas.

DEPORTES

En Holanda el deporte se practica con regularidad. A pesar del clima inestable, los holandeses son muy amantes de las actividades al aire libre, y las largas rutas en bicicleta o a pie son muy habituales.

A nivel profesional, entre los deportes en los que destaca Holanda, tanto en categoría masculina como femenina, está el patinaje de velocidad sobre hielo, donde consiguen año tras año galardones importantes, con nombres como Rintje Ritsma, Gianni Romme, Ireen Wust, Suen Kramer, Kjeld Nuis y Jorien ter Mors. El patinaje sobre hielo se practica por todo el país, en pistas cubiertas o en los lagos y canales cuando el frío aprieta.

También destacan en deportes donde al agua juega un papel primordial, como la natación y el remo. Algunos de los más destacados son Inge de Bruijn, Pieter van den Hoogenband y Ranomi Kromowidjojo.

En el fútbol, crearon escuela al nacer allí el concepto de "fútbol total" en los años 1970, a partir de Johann Cruyff y sus compañeros del Ajax. Figuras como Marco van Basten, Ruud Gullit, Ronald Koeman o Van Gaal son también nombres de referencia en este deporte.

En ciclismo destacan nombres como Leontien van Moorsel, Anna van der Breggen, Elis Ligtlee y Tom Dumoulin. También el béisbol y el hockey son dos deportes en los que despunta el país.

HOLANDA PASO A PASO

ÁMSTERDAM

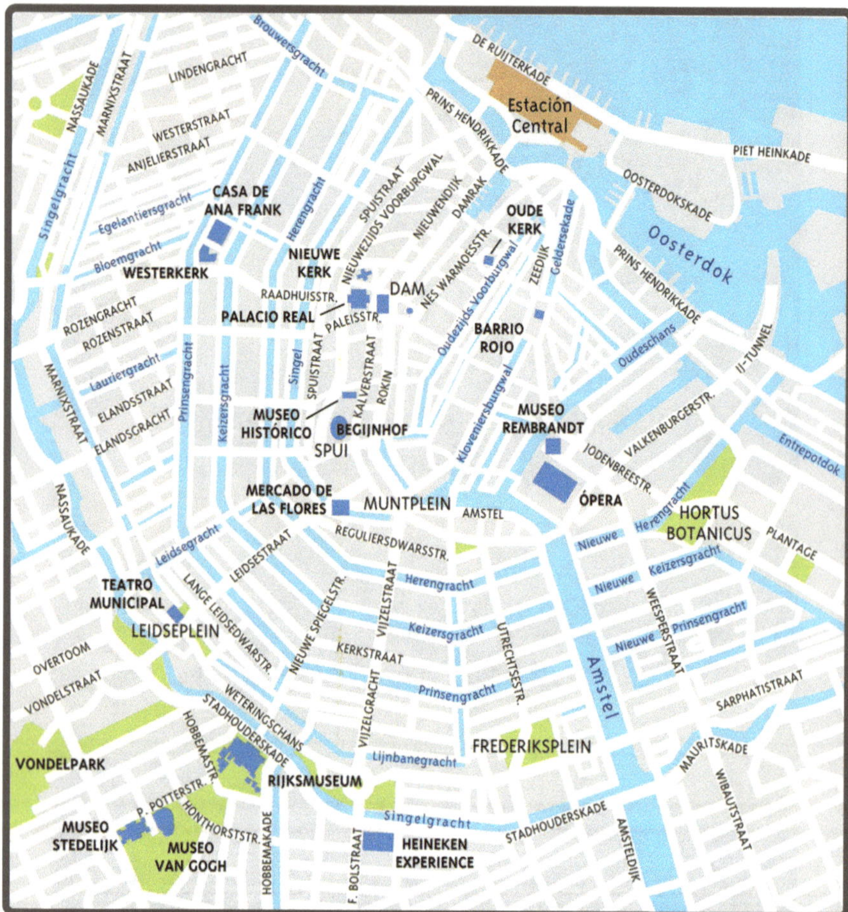

Ámsterdam es una ciudad dinámica, jovial y acogedora, con multitud de oferta cultural y de ocio para todos los gustos. Para empezar, y como ejemplo de su convivencia entre el conservadurismo burgués que formó su pasado y la transgresión alternativa que es su presente, diremos que, aunque es la capital de los Países Bajos, en realidad, la capital administrativa y gubernamental es La Haya. Es como si la ciudad hubiera decidido prescindir de la pesadez de la burocracia y quedarse con la capitalidad cultural y social, que es la protagonista real de la vida.

Con más de 800.000 habitantes y casi la misma cantidad de bicicletas circulando, la ciudad cuenta asimismo con 160 canales que representan más de 100 kilómetros de caminos de agua, con 1.500 puentes.

Las cifras, sin embargo, no definen a esta ciudad. Existe una mezcla de vanguardia y tradición, de imaginación alternativa y estabilidad burguesa. El espíritu comerciante de los holandeses a lo largo de los tiempos ha convertido esta ciudad en un compendio de edificios espectaculares, fachadas coquetonas e iglesias imponentes, que compiten con canales y barcos, cafés íntimos y terrazas aprovechando cualquier minuto de sol. El negocio se da la mano con la alegría de vivir.

Si se dispone solo de **un día** en la ciudad, la ruta obligada sería el núcleo histórico y los canales del Siglo de Oro. Un recorrido en barco por los canales permitirá una visión global. Si el viajero tiene **dos días**, puede recorrer también los principales museos, como el Van Gogh o el Rijksmuseum. Si se dispone de **tres días**, hay que visitar también el nuevo barrio al Norte, alternativo y con mucha vida, y es recomendable ver otros barrios, como el que rodea al Tropenmuseum.

Palabras como libertad y tolerancia han servido a lo largo de los siglos para definir a Ámsterdam. La coexistencia de diferentes personas ha hecho de esta ciudad un polo de interculturalidad. La cultura *hippie* y anarquista de los años 1970-80 todavía perdura de alguna manera, aunque a veces se convierta en atractivo turístico más que en una forma de vida. Se calcula que unos 18 millones de turistas visitan Ámsterdam cada año, más que la población total de los Países Bajos.

El agua de los canales está muy limpia porque se bombea y renueva cada día. Regularmente hacen limpieza a fondo y encuentran de todo un poco, además de entre 12.000 y 15.000 bicicletas (la mayoría robadas), y hasta algún coche que al aparcar cerca de un canal se ha olvidado de poner el freno.

Ámsterdam ha ido creciendo a lo largo de los siglos, y su situación geográfica ha propiciado que este crecimiento se pueda seguir fácilmente a lo largo de diferentes itinerarios de las zonas de la ciudad, siguiendo una red de anillos concéntricos.

Las casas tradicionales de Ámsterdam cuentan con una sala de estar abierta a la calle con un amplio ventanal, para dejar pasar la luz, y que prosigue en un estrecho y alargado rectángulo hasta, a menudo, un jardín interior. Los holandeses dejan las cortinas abiertas dejando el interior de sus casas, y su vida íntima, disponible a la curiosidad de los paseantes. Sin embargo, está muy mal visto pararse y mirar al interior. De nuevo, encontramos la combinación de la tolerancia y la libertad individual de cada uno. Es el conservadurismo burgués y la transgresión traviesa que podrían definir Ámsterdam.

MOVERSE POR ÁMSTERDAM

Ámsterdam está en lucha constante para no convertirse en un parque temático para los turistas. El visitante que quiera disfrutar de verdad de esta ciudad tendrá que tener fuerza de voluntad para, de vez en cuando, alejarse del oleaje que lleva de un hito a otro para pararse en una terraza o simplemente entrar en un café que no sale en las guías, pero donde puede oír hablar holandés y disfrutar de una "lekker bier" (una rica cerveza).

De todas maneras, la mejor manera de moverse por la ciudad es caminando. Recorrer sus calles, a veces estrechas hasta tocar con las dos manos las dos fachadas colindantes, y dejarse llevar por el encanto de parar donde y cuando apetezca es la mejor manera de conocer la ciudad y hacerse fotos en sus puentes.

Metro, tranvías y autobuses

Hay una pequeña línea de metro, que fue ampliada en verano de 2018. Pero el principal transporte público consiste en los tranvías y autobuses, con una amplia red. El tren llega a la estación central de Ámsterdam, la Centraal Station, que deja en el corazón mismo de la ciudad. En la web *www.gvb.nl* hay información completa de las diferentes líneas de transporte público, planificador de rutas y otros servicios útiles.

También es posible recorrer la ciudad en bicicleta. Hay múltiples sitios donde se pueden alquilar bicicletas. El único consejo es hacerlo con seguridad, manteniendo la velocidad del entorno (que a veces es muy alta) y siendo cauteloso con el tráfico. Los habitantes de Ámsterdam, los "amsterdammers", reclaman su derecho sobre sus calles maldiciendo a los turistas que se paran bruscamente para fotografiar una fachada...

Es muy recomendable también adquirir alguna tarjeta combinada, como la llamada I Amsterdam City Card, que permite usar gratis los transportes públicos, la entrada libre en más de 25 museos y una excursión gratis en barco por los canales, además de otros descuentos. Está disponible en tres variantes, con validez para uno, dos o tres días. Se puede adquirir *online* en la página *www.iamsterdam.com*.

NÚCLEO HISTÓRICO MEDIEVAL

Plaza Dam y Estación Central al fondo

El nombre de Ámsterdam proviene de la palabra “dam” (dique). Nació como un dique del río Ámstel, que desembocaba en el mar del Sur (Zuiderzee) confundiéndose con su brazo interior del IJ. Desde que en 1932 se construyó un dique que lo separa del mar, el IJ se ha convertido en un lago interior llamado IJselmeer. El Ámstel es ahora un pequeño río canalizado que divide la ciudad en dos partes.

El núcleo histórico de la ciudad recuerda, por tanto, los tiempos en que desde allí había acceso directo al mar. En la *plaza Dam* estaba emplazado el primer dique, y es el corazón de la ciudad medieval. Esta plaza se abría directamente al puerto, como indica la calle Damrak (“rak” es puerto).

En esta plaza se celebran las grandes ceremonias nacionales y es el punto de encuentro habitual. En el centro está el monumento a la Liberación, en memoria a los holandeses muertos en la II Guerra Mundial. La plaza cuenta con dos monumentos importantes: el Palacio Real y la Nieuwe Kerk (iglesia Nueva).

El *Palacio Real* solo es utilizado por la familia real en contadas ocasiones, aunque su balcón todavía se usa para que los reyes, al casarse o ser coronados, saluden al pueblo. Se considera la obra más representativa de la arquitectura clásica holandesa, y como curiosidad cabe citar que está edificado sobre más de 13.000 pilones que aseguran los cimientos. No hay que olvidar que todo Ámsterdam, y gran parte de Holanda, está construida sobre terreno arenoso.

La *Nieuwe Kerk*, vecina del Palacio Real, es donde se coronaban los reyes y destacan sus vidrieras góticas. Es una de las muchas iglesias en Holanda que han dejado de ser lugar de culto y se ha convertido en centro de exposiciones, recepciones y todo tipo de actividades culturales.

Palacio Real. Dam, 1001 AM Ámsterdam. Horario: De 11 a 17 h. (de 12 a 17 en invierno), a excepción de los días de eventos reales. Precio: 10 € adultos, menores de 18 años, gratis. *www.paleisamsterdam.nl*.

PUERTO ANTIGUO Y BARRIO ROJO

Barrio Rojo, con gran actividad nocturna

Alrededor de la plaza Dam se pueden ver los vestigios de la actividad marítima del pasado y las fortificaciones construidas a finales del siglo XV, como la Schreierstoren (literalmente, la Torre de las Lloronas), donde se cuenta que se colocaban las mujeres a lamentarse de la marcha de sus maridos a las tierras de Oriente, en viajes que podían durar años.

Desde la plaza Dam se accede a los estrechos canales y callejuelas de Oudezijds Voorburgwal y Achterburgwal, donde habitaban los antiguos comerciantes y marinos mercantes. Los portales de piedra y escudos heráldicos de las fachadas así lo atestiguan. En la confluencia de las dos calles y de Grimburgwal se encuentra la llamada Casa de los Tres Canales, que, como su nombre indica, disfruta de los tres canales y pertenecía a una influyente familia de la época. Muchas casas antiguas de esta zona comunican directamente con los canales por la parte trasera, para facilitar la carga y descarga de mercancías.

Aquí se mezclan almacenes donde se guardaban las mercancías que llegaban al puerto, sedes de los gremios medievales, mansiones renacentistas como la de los hermanos Trip, propietarios de minas en ultramar (ahora, sede de la Real Academia de Ciencias), pero también casas mucho más modestas, a menudo del personal de servicio de las mansiones.

Todas estas calles y las de alrededor de *Oude Kerk* (la Iglesia Vieja) forman el conocido como *Barrio Rojo* de Ámsterdam.

Llaman la atención las pequeñas casas que bordean la plaza y la iglesia, ya que en sus escaparates se exhiben las prostitutas del Barrio Rojo. En muchas iglesias calvinistas de Holanda, y especialmente de Ámsterdam, se adosaban a la fachada pequeños comercios, testigos del espíritu comerciante de la época.

Al lado de la Oude Kerk está la Warmoesstraat, una de las calles más antiguas de la ciudad pero no una de las más bonitas precisamente, ya que ha sido invadida por el turismo de *sex-shops*, *nightclubs* y bares de no muy buena reputación.

Es impresionante visitar la pequeña iglesia *Ons Lieve Heer op Solder*, "Nuestro Señor en la Buhardilla". Es la única iglesia católica clandestina que se conserva en Ámsterdam. Tras la instauración de la República protestante, los católicos tenían libertad de conciencia pero no libertad de culto. El acaudalado comerciante católico Jan Hartman compró una mansión para vivir y también las dos casas adyacentes. Unió la parte superior de las tres casas para situar la iglesia clandestina. El visitante puede ver la iglesia pero también la reconstrucción de una mansión histórica, con muchos objetos antiguos y, a menudo, únicos, y con cocina y cuarto de la cerveza incluídos.

El *edificio de la Bolsa* (de Beurs), de Berlage, es un imponente edificio de ladrillo de comienzos del modernismo. Vale la pena echar un vistazo al vestíbulo o entrar en alguna exposición para ver el interior. Está en la amplia calle Damrak, que va de la plaza Dam a la Estación Central.

Iglesia-casa clandestina Ons Lieve Heer op Solder. Oudezijds Voorburgwal, 38. 1012 GD Ámsterdam. Tel. +31 20 6246604. Horario: de lunes a sábado, de 10 a 18h. Domingo de 13 a 18h. Precio: 12'50 € adultos, 6 € de 5 a 17 años, menores de 5 años, gratis. *www.opsolder.nl*

De Beurs van Berlage. Damrak, 243. 1012 ZJ Ámsterdam. Tel. +31 20 5304141. Horario: de lunes a viernes, de 8.30 a 18h. Fines de semana de 11 a 17h. Las exposiciones son de pago, pero al edificio se puede entrar gratis, por ejemplo para visitar una inmensa tienda de chocolate. *https://beursvanberlage.com*

NIEUWMARKT Y REMBRANDT

La plaza Nieuwmarkt y el edificio De Waag, al final del canal

Callejeando por este intrincado y estrecho puzle se llega al Nieuwmarkt, el mercado más antiguo de la ciudad, donde actualmente se instalan mercadillos y puestos de antigüedades. Esta plaza es la frontera con el antiguo barrio judío, y aún se conservan piedras que marcan dónde se levantaban los muros para separarlos del resto de la población en la ocupación nazi.

En medio de la inmensa plaza del Nieuwmarkt se alza la Puerta de San Antonio (Sint Antoniospoort), una de las puertas de la muralla medieval. A partir del siglo XVII este gran edificio cuadrangular flanqueado por torres redondas dejó de utilizarse para fines defensivos y fue ocupado por la oficina de pesas y medidas, pasando a llamarse De Waag. Además, el gremio de los cirujanos tuvo aquí su sede cuando Rembrandt pintó la obra que le hizo famoso con apenas 26 años, “Lección de anatomía del Dr. Tulp”, hoy en el museo Mauritshuis de La Haya.

Gran parte de este barrio tuvo que ser destruida cuando se construyó la primera línea de metro de la ciudad, en los años 1970. Ahora el barrio está considerado el centro del tráfico de drogas. Es recomendable ir con cuidado y vigilar las pertenencias.

Muy cerca, destaca la torre defensiva de Montelbaanstoren, con tres niveles diferenciados en su construcción, y la *casa de Rembrandt*. El pintor vivió allí de 1639 a 1660. Ahora, esta casa aloja un museo dedicado a este célebre pintor, principalmente con obra gráfica, con unos 250 grabados y bocetos, y objetos personales del artista. Exposiciones temporales regularmente, muy interesantes.

Muy cerca de la casa de Rembrandt se puede hacer un *tour* guiado gratuito por las instalaciones de *Gassan*, una fábrica de diamantes fundada justo al terminar la II Guerra Mundial. Situado en un edificio monumental, es una buena manera de conocer más sobre esta piedra preciosa.

Rembrandthuis. Jodenbreestraat, 4. 1011 NK Ámsterdam. Tel. 20 520 0400. Horario: De 10 a 18 h. Precio: 14 € adultos, 5 € de 6 a 17 años, menores de 5 años, gratis. *www.rembrandthuis.nl*

MUSEO HISTÓRICO Y BEGIJNHOF

El patio Begijnhof rodeado de casas típicas

El Museo histórico y el Begijnhof son los dos últimos hitos del recorrido por el núcleo histórico.

El Beguinaje (Begijnhof) es, cuando los grupos de turistas lo permiten, un pequeño oasis en el corazón de la ciudad. Aquí vivían las beguinas, mujeres beatas (pero no monjas), casi siempre solteras o viudas, que hacían voto de obediencia y querían vivir en retiro. Ocupaban su tiempo en la plegaria, la costura y la caridad. Hay muchos así en casi todas las ciudades importantes de los Países Bajos. Este fue fundado en 1346 y fue reconstruido en numerosas ocasiones debido a los incendios de la época. Está formado por un conjunto de casitas, de entre los siglos XVI y XVIII, que forman una plaza con una iglesia medieval en el centro y una capilla católica clandestina. Aquí se encuentra la casa más antigua de Ámsterdam, la Houten Huis (casa de madera), del año 1475. Más adelante se prohibiría la construcción de casas en madera por el peligro constante de incendios.

La confluencia del Rokin con el Singel, donde se levanta la Munttoren (Torre de la moneda) marca la "frontera" del núcleo histórico. Esta torre barroca se construyó sobre una de las antiguas puertas medievales de la ciudad.

Al salir del Begijnhof hay que entrar a la Galería de los Guardias (Schuttersgalerij). Es un pasaje cubierto acristalado, abierto al público, que es un anexo del Museo Histórico y en la que se exhiben grandes lienzos de la época del Siglo de Oro, dedicados a las familias burguesas y a los arcabuceros.

El *Museo Histórico*, por su parte, ocupa un conjunto de construcciones cuyo origen era un orfanato del siglo XV, que aún cuenta con el patio de las niñas y el de los niños. Muestra la historia de la ciudad a través de objetos, mapas, pinturas, grabados, audiovisuales… Organiza también exposiciones conjuntas con otras instituciones de la ciudad para poder dar a conocer sus más de 80.000 objetos de sus colecciones.

Museo Histórico de Ámsterdam. *Kalverstraat 92*. Horario: De 10 a 17 h. Precio: 15 € adultos, gratis menores de 18 años. *www.amsterdammuseum.nl*.

LOS CANALES Y EL SIGLO DE ORO

El canal Reguliersgracht iluminado por la noche

El Siglo de Oro fue una de las épocas más florecientes de Holanda. Entre finales del siglo XVI y principios del XVII la población de Ámsterdam pasó de 30.000 a 100.000 habitantes, con el desarrollo de las actividades marítimas y comerciales, que trajeron un auge económico y social.

La ciudad, formada por el núcleo histórico cercano al puerto, tenía que ampliarse. A continuación del Singel, el canal que delimitaba el casco antiguo y servía como línea de fortificación, diseñaron, como si fuera con el trazado de un compás, tres semicírculos alrededor de la ciudad medieval. Nacían así los tres principales canales de la nueva ciudad del Siglo de Oro, que a su vez entretejían un conglomerado de calles, puentes, y pasadizos. Detrás de ellos discurría el Singelgracht, un nuevo cinturón defensivo con 8 kilómetros de murallas coronadas por 26 molinos.

El consejo municipal de Ámsterdam trazó un plan de ordenación del territorio urbano con estos canales. Cerca del puerto, se abrían barrios residenciales y de almacenes de los comerciantes burgueses; bordeando los canales transversales, barrios para los artesanos, comerciantes y trabajadores; y en el sector oriental, barrios para los emigrantes y los refugiados de las guerras religiosas europeas, entre ellos los judíos.

El viajero puede recorrer a pie o en bicicleta este conjunto de canales y callejuelas y admirar las fachadas intactas que permiten revivir el esplendor de la época. Algunos de los rincones más fotografiados de Ámsterdam están en este barrio.

Si se recorre en bici, el tiempo es menor pero el riesgo es mayor: esta zona está muy congestionada de tráfico rodado, las aceras son estrechas y con múltiples baches y obstáculos ocasionados por la climatología, y los "amsterdammers" que se desplazan por el centro en sus bicis para hacer sus compras o ir a trabajar no tienen paciencia para los miles de turistas que se paran con la boca abierta ante una fachada o un escaparate. Dos grandes plazas, Leidseplein y Rembrandtplein, oxigenan el trazado y se llenan de terrazas y de animación a todas horas.

Otra manera muy agradable de visitar los canales es haciendo una ruta en barco. Hay diferentes embarcaciones que permiten al turista admirar la ciudad desde el agua, desde barcos grandes hasta barcas de remo que se pueden alquilar.

El recorrido a pie o en bici puede iniciarse en la *Westerkerk*, la iglesia Occidental. Está considerada la obra maestra de su autor, Hendrik de Keyser, y es un buen ejemplo del estilo renacentista holandés. El campanario está rematado por la corona imperial y es una referencia para todo el que camina por los canales. En la parte trasera de la iglesia se pueden admirar algunas casas muy bonitas, como el número 61, donde residió durante un tiempo el filósofo Descartes, que se hallaba exiliado en Holanda. Aquí hay también una pequeña estatua de Ana Frank y un monumento a las víctimas homosexuales del nazismo.

Los canales burgueses

El primero de los semicírculos que rodean la ciudad medieval es el canal Herengracht. La palabra "gracht" significa canal, mientras que "heren" significa caballeros. Es el canal construido en honor a los Señores, los gentilhombres que ostentaban el poder municipal. El segundo canal es el Keizersgracht, en honor el emperador del Sacro Imperio Germánico Maximiliano de Austria, que otorgó a la ciudad el privilegio de ostentar la corona imperial encima de su escudo. El tercer canal es el Prinsengracht, en honor al príncipe Guillermo de Orange, que dirigió la rebelión contra España.

El espíritu comerciante y burgués del barrio se refleja también en la arquitectura: los terrenos situados a orillas de los canales en el Siglo de Oro se cotizaban a precios elevados. Además, los impuestos a pagar se calculaban a partir de la anchura de la fachada. Por eso se construían las casas estrechas, para ocupar el mínimo ancho de fachada. En la ciudad hay tres casas que se disputan el título de "la casa más estrecha" de Ámsterdam, en las calles *Singel 7*, *Oude Hoogstraat 22* y *Kloveniersburgwal 26*. A cambio, las casas eran todas largas y altas, y para no dejar la parte posterior sin luz del sol, se construía una segunda casa detrás. Así, la disposición típica de las casas de los canales era una casa en la fachada, un patio, y una casa trasera.

ANA FRANK

De hecho, "La casa de atrás" era el título con que se publicó la primera vez el "Diario de Ana Frank". La niña judía de origen alemán que estuvo escondida con su familia en la parte trasera de la casa de unos amigos de la familia, en los canales, se convirtió en un icono mundial tras salir a la luz su "Diario". Allí relataba los años en que estuvieron ocultos de los nazis, que coincidieron con su adolescencia y su descubrimiento de la vida. El escondite, cuya entrada quedaba disimulada por una librería giratoria, fue descubierto por los alemanes y la familia fue trasladada a campos de concentración, donde murió Ana Frank y gran parte de su familia. Su padre, superviviente, encontró el "Diario" después y decidió publicarlo como símbolo de resistencia y de lucha por la paz.

Ese es el espíritu del museo dedicado a la casa de Ana Frank, prácticamente obligatorio en una visita a Ámsterdam. Contra lo que se pueda pensar, el relato del museo está realizado con infinito buen gusto, sin morbo gratuito, y se puede visitar con niños perfectamente (aunque algún material audiovisual que muestra los campos de concentración puede ser algo duro). Además, la casa delantera muestra exposiciones y actividades de la Fundación Ana Frank, que lucha por un futuro mejor, sin discriminación ni rechazo a la diferencia. Vale la pena dedicar tiempo a esta parte, con mucho material audiovisual y talleres participativos sobre temas actuales, como los derechos humanos o los refugiados, como un plus de reflexión en el viaje.

Museo Ana Frank. Prinsengracht 263-267. Entrada al museo por Westermarkt 20. 1016 GV Ámsterdam. Tel. +31 20 556 7105. Horario: De abril a octubre, todos los días de 9 a 22h. De noviembre a marzo, todos los días de 9 a 19h, sábado de 9 a 21h. Precio: 10 € adultos, 5 € niños de 10 a 17 años, gratis menores de 10 años. Es obligatorio comprar las entradas en línea, con lo que se recibe un horario de entrada prefijado. *www.annefrank.org*

MUSEO DE LOS CANALES

Sala del instructivo Museo de los Canales

Pasear por los canales significa irse parando en cada fachada para admirar sus elementos decorativos, escudos e inscripciones y buscar la panorámica perfecta entre puentes coquetones, bicicletas decoradas con flores, campanarios coronados con profusión de detalle y, por qué no, acogedores cafés que ofrecen chocolate caliente en invierno y que en verano abren sus terrazas a los canales para ofrecer cerveza bien fría.

El Museo de los Canales es una buena oportunidad de conocer cómo la ciudad creció alrededor de los canales, cómo funcionan, cómo se construyeron, cómo vivían los burgueses y mercaderes, qué función cumplen en la actualidad… Con numeroso material audiovisual e interactivo, se puede descubrir, por ejemplo, cómo toda la ciudad es drenada regularmente por razones de higiene, y cómo en invierno, los días de mucho frío, se propicia que se puedan llegan a helar los canales, para delicia de los patinadores. Además, el museo está situado en una mansión histórica. En la ciudad hay 160 canales que representan más de 100 kilómetros de caminos de agua, con 1.500 puentes que los cruzan y que forman un paisaje con mucho encanto.

Museo de los canales. Herengracht 386, 1016 CJ Ámsterdam. Tel. +31 20 421 1656. Horario: De martes a domingo de 10 a 17 h. Lunes cerrado. Precio: 15 € adultos, 7,50 € niños de 4 a 12 años, gratis menores de 4 años. *www.hetgrachtenhuis.nl*.

RUTA POR LOS CANALES

Explosión de colores en el mercado de flores

La *calle Leidsestraat* es una arteria comercial que cruza los tres grandes canales y donde se puede encontrar de todo, mientras que la *Nieuwe Spiegelstraat* es una calle que reúne a los anticuarios más cotizados. Entre esta calle y la Vijzelstraat se encuentra el llamado “gran recodo”, donde se pueden admirar algunas de las mansiones más lujosas del Ámsterdam de la época.

Entre Leidsestraat, Prinsengracht y Singel está la zona llamada *9 straatjes* (literalmente, 9 callejuelas), repleta de tiendecitas con encanto, cafés acogedores, ropa de segunda mano, artesanía, *boutiques*, tiendas de diseño y decoración.

Saliendo de las 9 straatjes se puede ir a visitar el mercado de *Noordermarkt*, (abierto lunes y sábados). Es un mercado tipo rastro, muy variado, donde hay desde tiendas de ropa de segunda mano hasta antigüedades y comida. A la salida, el bar Winkel 43 es muy conocido por la fama de su tarta de manzana.

Siguiendo la ruta por los canales se puede admirar el conocido puente de los 7 puentes, en el canal *Reguliersgracht*, uno de los más románticos de Ámsterdam. Desde este lugar, en la esquina con Herengracht, se pueden ver al mismo tiempo los 7 arcos, iluminados con lucecitas si es de noche.

Es recomendable callejear entre los canales, admirando las diferentes fachadas, unas más ostentosas, otras más humildes, intentando adivinar a qué se dedicaba cada habitante a través de los elementos decorativos… Además, a lo largo de los canales hay muy diversos museos, muy interesantes y algunos muy antiguos. Destacan el *museo de la Biblia*, el *museo de la Fotografía*, el dedicado a las *casas flotantes* y hasta un *museo de los bolsos*.

En el extremo oriental del semicírculo de canales se eleva la Munttoren (Torre de la Moneda), y a su lado no hay que perderse el *bloemen markt* (mercado de flores). Antiguamente empezó como un mercado flotante, donde los vendedores de flores acudían con sus barcos para vender. Poco a poco, al aumentar la popularidad, se instalaron definitivamente. En los últimos años ha cedido un poco a la presión turística, aunque aún es un buen lugar para admirar flores y bulbos de todo el planeta y comprar recuerdos.

También en esta zona vale la pena visitar el *cine Tuschinski*, antiguo teatro de 1921 reconvertido en cine, en un precioso edificio en estilo *art déco*. Y el que quiera música en directo cuenta con múltiples locales, a destacar el Paradiso y el Melkweg.

El encantandor puente *Magere Brug* (literalmente, puente estrecho), permite cruzar el Ámstel y adentrarse en los alrededores de Waterlooplein, con el nuevo edificio Stopera, con el ayuntamiento y la sala de conciertos y ópera. Enfrente del Magere Brug está el teatro real Carré, antigua sala de circo transformada en teatro a finales del siglo XIX. El *museo Hermitage de Ámsterdam*, la sucursal del museo de San Petersburgo, se levanta aquí desde 2004, en el edificio de un antiguo hospicio.

Mercado de flores. Singel 630 – 600. Horario: De lunes a sábado de 9 a 17.30. Domingos de 11:30 a 17:30.

Museo Hermitage. Ámstel 51, Ámsterdam. Tel. + 31 20 530 8755. Horario: todos los días de 10 a 17 h. Precio: 25 €, gratis menores de 11 años. Tiquets más baratos si se quiere ver solo una parte del museo. *https://hermitage.nl*.

EL JORDAAN

Jordaan, un barrio repleto de tiendas y típicos cafés

Volviendo al principio de la ruta por la zona de los canales, en la parte occidental, no hay que olvidar uno de los barrios más encantadores y populares de Ámsterdam: el Jordaan. Detrás de la casa de Ana Frank, cruzando el Prinsengracht, hay un entramado cuadriculado de calles que fueron pensadas, en el siglo XVII, para los ciudadanos más pobres: obreros, artesanos, vendedores ambulantes… Pequeñas casitas, callejones y estrechos canales sirven ahora para acoger una animada vida artística y estudiantil, con numerosos cafés todavía auténticos.

> El Jordaan es el barrio más bohemio de Ámsterdam, repleto de tiendas de ropa de segunda mano, artesanía y curiosidades.

Allí se puede encontrar algunos de los típicos “bruine cafés” (literalmente, cafés marrones, por el color de la madera oscura), locales donde se acude a tomar una cerveza y a leer prensa y revistas en mesas largas y compartidas. Si además es “el café” de alguno de los cantantes míticos del Ámsterdam de los años 1960, al puro estilo de la *chanson* francesa pero con un sentido peculiar de la declamación y el drama, la diversión está servida. Algunos de estos cafés son *Sonneveld*, *´t Smalle*, *Café Nol* o el *Café Rooie Nelis*, donde acudía regularmente el cantante y *performer* de Ámsterdam André Hazes.

Al oeste del Jordaan se encuentra el gran pulmón verde de la ciudad, el parque de Westerpark, donde se puede descansar un poco de la alta densidad urbana de Ámsterdam.

BARRIOS ORIENTALES Y ANTIGUO BARRIO JUDÍO

Desde la plaza Waterlooplein puede iniciarse otra ruta por Ámsterdam, marcada al principio por la huella de la comunidad judía para adentrarse después en zonas verdes históricas y palpar la herencia intercultural de las antiguas colonias.

ANTIGUO BARRIO JUDÍO

Entre el río Ámstel y la plaza Watterloplein se encontraba el antiguo barrio judío, destruido en su mayor parte por los nazis, que se dedicaron a fondo con las casas y con sus ocupantes: se calcula que de los 80.000 judíos deportados de Ámsterdam, 70.000 no regresaron jamás. El *Museo*

Histórico Judío agrupa cuatro sinagogas reconstruídas para el museo por la comunidad judía de la ciudad, originarias de los siglos XVII y XVIII. El museo expone la historia de la comunidad judía en Ámsterdam y cuenta con una cafetería con productos "kosher".

Al lado se levanta la sinagoga portuguesa, también restaurada tras la II Guerra Mundial y la biblioteca judía más antigua en funcionamiento del mundo, Ets Haim, desde 1616.

Muy cerca, el edificio del *Hollandse Schouwburg* recuerda este histórico teatro, llamado al principio Artis Theatre. Se fundó en 1892 y era uno de los ejes culturales de la ciudad, pero durante la II Guerra Mundial los alemanes lo convirtieron en teatro judío y después en centro de detención, donde concentraban a los judíos antes de enviarlos a campos de exterminio. Diferentes montajes y exposiciones recuerdan este triste episodio de la historia de la ciudad. Enfrente, el *Museo del Holocausto* completa el recorrido por la historia judía de Ámsterdam.

Museo histórico judío. Nieuwe Ámstelstraat 1, 1011 PL Ámsterdam. Tel. +31 20 531 0310. Horario: Todos los días de 11 a 17 h. Precio: 17 € adultos, 8'5€ de 13 a 17 años, 4'25 de 6 a 12 años, gratis menores de 6 años. La entrada sirve conjuntamente para el Museo histórico judío, la sinagoga portuguesa, la biblioteca Ets Haim, el museo del holocausto y el Hollandse Schouwburg (este último tiene entrada gratis y se puede dejar un donativo voluntario). Se pueden compar por anticipado o en las taquillas de cualquiera de estos centros y la entrada tiene validez a lo largo de un mes. *https://jck.nl*

Sinagoga portuguesa y biblioteca Ets Haim. Mr. Visserplein 3. 1011 RD Ámsterdam.
Hollandsche Schouwburg. Plantage Middenlaan, 24.
Museo del holocausto. Plantage Middenlaan, 27.

MUSEO MARÍTIMO Y MUSEO DE LA CIENCIA NEMO

Magnífico edificio del Museo Nemo

Dos importantes museos presiden esta zona. El *Museo Marítimo*, remodelado recientemente, es un museo muy completo sobre la historia marítima de los Países Bajos, y en general sobre el mar, los barcos, la pesca… Se pueden visitar varios navíos históricos, y hay múltiples actividades interactivas para todas las edades. Está situado en el antiguo edifico del Arsenal del siglo XVII. La réplica de un barco de la Compañía de las Indias Orientales, amarrado en el muelle al lado del museo, es una de las visitas clásicas de la ciudad.

El *Museo de la ciencia Nemo*, por su parte, ocupa un espectacular edificio diseñado por el arquitecto Renzo Piano, con un tejado inclinado. Es un museo interactivo donde está prohibido no tocar y donde se puede pasar uno un día entero y no acabárselo. Muy recomendable para amantes de la ciencia. En el tejado hay una gran plaza a la que se puede acceder gratis, con una exposición permanente sobre la energía que se puede obtener del viento, el agua y el sol.

Museo Marítimo. Kattenburgerplein 1, 1018 KK Ámsterdam. Tel. +31 20 523 2222. Horario: todos los días de 9 a 17 h. Precio: 16,50 € adultos, 8 € niños de 4 a 17 años y estudiantes con carnet, gratis menores de 4 años. *www.hetscheepvaartmuseum.com*.

Museo Nemo. Oosterdok 2, 1011 VX Ámsterdam. Tel. +31 20 531 3233. Horario: todos los días de 10 a 17'30 h. (de septiembre a diciembre cerrado los lunes). Precio: 17'50 € mayores de 4 años, gratis menores de 4 años. *www.nemosciencemuseum.nl*

PLANTAGE

Rana de ojos rojos en el zoo Artis

Siguiendo la ruta hacia el este, se entra en el verdor del barrio de Plantage, uno de los más frondosos de la ciudad. Toda esta zona estaba fuera de la muralla y en el siglo XVI fue creciendo con conventos, edificios portuarios y un cóctel urbanístico a pesar de que la ciudad, dos siglos después, pretendía ampliarse ordenadamente por allá. A mediados del siglo XIX toda la zona fue objeto de saneamiento urbanístico: diversos edificios dan testimonio de la arquitectura de la época entre arboledas y jardines, muchos de ellos pertenecientes a los antiguos conventos, y gran parte de su superficie está ocupada ahora por el jardín botánico y el zoo.

El **Jardín botánico Hortus Botanicus** fue fundado en 1638 para alojar las plantas tropicales y semillas que traían los barcos comerciales neerlandeses procedentes de las colonias. Hoy en día cuenta con más de 4.000 especies que se distribuyen en diferentes espacios e invernaderos.

Al lado se encuentra el **Parque zoológico Artis**, uno de los más antiguos de Europa. Cuenta con más de 750 especies de animales. Al pasear por el zoo el visitante se encuentra con que también está paseando por los antiguos jardines del Plantage, llenos de edificios y monumentos del siglo XIX. Al lado se encuentra **Micropia**, un innovador museo dedicado a los microbios y las bacterias que en 2016 ganó el premio a uno de los mejores museos del mundo.

Hortus Botanicus. Plantage Middenlaan, 2A 1018 DD Ámsterdam. Tel. +31 20 625 9021. Horario: Todos los días de 10 a 17h. Precio: 9,75€ adultos, 5,50€ estudiantes, de 5 a 14 años y mayores de 65 años. *www.dehortus.nl*

Artis. Plantage Kerklaan 38-40. 1018 CZ Ámsterdam. Tel. +31 20 523 3670. Horario: Del 1 de marzo al 31 de octubre, de 9 a 18h. De noviembre a marzo, de 9 a 17h. Todos los días de 10 a 17h. Precio: 23 € entrada general, 19'50 € de 3 a 9 años, menores de 3 años gratis. *www.artis.nl*

Micropia. Plantage Kerklaan 38-40. 1018 CZ Ámsterdam. Tel. +31 20 523 3670. Horario: De 9 a 18 h, de jueves a sábado de 9 a 20h. Precio: 15 € entrada general, 13 € de 3 a 9 años, 7,50 € estudiantes. Hay también entradas combinadas con el zoológico. *www.micropia.nl*

MÚSICA Y PLAYA URBANA

Entre el zoológico y el mar de Ijselmeer se extienden una serie de pequeñas islas (artificiales) por donde pasan las vías del tren, antiguos almacenes y zonas industriales. Muchas de ellas han sido reconvertidas en salas de fiestas y discotecas, como *Panamá*, una de las más clásicas de la ciudad, situada en un antiguo almacén del puerto. En un extremo de otra de estas islas está la sala de conciertos *Muziekgebouw aan't Ij* y el *Bimhuis*, especializado en jazz. El cine alternativo *Studio/K* ofrece también conciertos, actos culturales diversos y cuenta con una cafería con ambiente estudiantil.

También en esta zona se encuentra la "playa urbana" de Ámsterdam: una zona a la orilla de un canal donde se ha colocado arena y la gente se baña y se relaja en las tumbonas. Actuaciones musicales, exposiciones de arte y todo tipo de actividades recreativas completan la oferta.

En estas "islas" se ha desarrollado en los últimos años una ampliación de la oferta de viviendas en Ámsterdam, con muchos antiguos almacenes reconvertidos en modernos bloques de apartamentos, y con una arquitectura y urbanismo muy innovadores.

Conciertos: Muziekgebouw aan't Ij y Bimhuis. Piet Heinkade 3. Desde música clásica hasta electrónica y festivales de todo tipo. Bimhuis especializada en jazz. *www.muziekgebouw.nl* y *www.bimhuis.nl*
Discoteca y sala de eventos: Panama. Oostelijke Handelskade 4. *www.panama.nl*
Cine, música y cultura: Studio K. Timorplein 62, 1094 CC Ámsterdam. Tel. +31 20 692 0422. *http://studio-k.nu*
Playa urbana: Arena y agua (en el canal), *street food*, música y arte alternativo, restaurante con el lema "comer, beber, bailar". *www.amsterdamroest.nl*

TROPENMUSEUM

Muy cerca del zoológico se encuentra el Tropenmuseum (Museo de los Trópicos), una colección muy interesante y, a menudo, olvidada por los visitantes. Un imponente vestíbulo rematado por una cúpula de cristal abre paso a tres galerías superpuestas que ofrecen un completo relato museístico de lo que en tiempos coloniales se denominaba el Tercer Mundo. Este museo forma parte del Real Instituto de los Trópicos y contiene gran cantidad de material procedente de las regiones tropicales y subtropicales.

Todo está expuesto, además, con un relato donde el visitante puede experimentar la inmersión, y estar paseando, por ejemplo, por un mercado africano o una callejuela del Sudeste asiático. El museo ha sabido renovarse para sacarse de encima la pátina proteccionista basada en la mirada desde la Europa occidental, y ofrece además numerosas exposiciones temporales, actividades, conferencias y hasta talleres lúdicos sobre las culturas que expone.

Tropenmuseum. Linnaeustraat 2. Tel. +31 88 004 2800. Horario: De martes a domingo de 10 a 17 h. Lunes abierto solo en vacaciones escolares (julio y agosto, por ejemplo). Precio: 16 € adultos, 8 € niños de 4 a 18 años, gratis menores de 4 años. *www.tropenmuseum.nl*

DAPPERMARKT

Cerca del Tropenmuseum se encuentra el mercado al aire libre Dappermarkt. Tiene más de 100 años de historia y reúne más de 250 paradas que ofrecen de todo un poco, desde comida, ropa, relojes o flores. Es una buena ocasión para ver un mercado callejero poco frecuentado por los turistas y con una gran oferta y clientela multicultural. Como de costumbre, se aúna la tradición con la modernidad, y el mercado ofrece una zona "experimental" donde se pueden poner a la venta, a modo de prueba, productos nuevos de cualquier comerciante.

El molino De Gooyer es un molino de harina del siglo XVIII, y es el único superviviente de los cinco molinos de viento que había en esta parte de la ciudad. A sus pies, el visitante puede degustar diferentes tipos de cerveza artesana en la *Brouwerij 't Ij*.

Dapper Markt. Dapperstraat. De lunes a sábado, de 9 a 17 h. *www.dappermarkt.nl*

JOHAN CRUIJFF ARENA

Johan Cruijff Arena, estadio del Ajax

El estadio del club de futbol Ajax se encuentra en las afueras de la ciudad pero se puede llegar en metro desde la estación central. El Amsterdam Arena, rebautizado en 2018 como Johan Cruijff Arena en honor al mítico futbolista del club fallecido en 2016, es una de las joyas arquitectónicas de la ciudad.

Inaugurado en 1996, cuenta con 54.000 localidades y es el estadio más grande de Holanda. Además de los partidos de fútbol de competición, aloja grandes conciertos y acontecimientos culturales.

El Johan Cruijff Arena ofrece visitas guiadas en las que se recorren los diferentes espacios, incluidos los vestuarios y la hierba del campo. Es importante reservar con antelación a través de la web, ya que hay muchos días que está cerrado, por la celebración de partidos o por entrenamientos.

Johan Cruijff Arena. Arena Boulevard,1. Tel. +31 20 311 1336. Horario: De 10 a 16 h, dependiendo de partidos y entrenamientos. Precio: 15 € hasta 12 años, 10 € de 5 a 12 años. *www.johancruijffarena.nl*.

BARRIO DE LOS MUSEOS Y BARRIO LATINO (DE PIJP)

El barrio de los museos y el sur de Ámsterdam es una de las zonas más elegantes y ricas de la ciudad. Pasear entre mansiones señoriales, admirar las obras de arte que se exponen en los museos y acabar luego en la bohemia del barrio colindante de De Pijp es un plan para no olvidar. Es recomendable, y a veces obligatorio, gestionar la entrada a casi todos los museos por adelantado a través de su web. También hay combinaciones de tiquets a través de las tarjetas turísticas como la I Amsterdam City Card, o la Holland Pass, disponibles en las oficinas de turismo y por Internet.

La gran plaza Museumplein es, como su nombre indica, la plaza a la que se abren algunos de los principales museos de la ciudad. En invierno se instala una pista de patinaje sobre hielo al aire libre.

RIJKSMUSEUM

Sala de Rembrandt en el Rijksmuseum. © Erik Smits

El Rijksmuseum es el principal museo de arte antiguo de Holanda. Se encuentra en un edificio majestuoso obra del arquitecto Petrus Cuypers, el mismo que construyó el edificio de la Estación Central, y de hecho hay muchas semejanzas entre los dos edificios.

El viajero puede admirar numerosas colecciones que abarcan desde el siglo XV hasta el XIX, pero destaca la colección de maestros holandeses del Siglo de Oro. Obras muy conocidas de Rembrandt, como “La ronda de noche”, pero también de Vermeer, como “La lechera” (atención, “La joven de la perla” no está aquí, sino en La Haya), Jan Steen, Frans Hals, y porcelanas de Delft y casas de muñecas del Siglo de Oro. Este museo es de visita obligada para los amantes del arte, aunque también se puede seguir una ruta-atajo para ver las obras maestras y no empacharse con la visita.

Rijksmuseum. Museumstraat 1, Ámsterdam. Tel: +31 20 674 7000. Horario: Diario de 9 a 17 h. Precio: 19 € adultos, gratis menores de 18 años. *www.rijksmuseum.nl*

MUSEO VAN GOGH

En la misma plaza del Rijksmuseum se sitúa también el edificio del Museo Van Gogh. Alberga las obras maestras del artista, además de algunas de coetáneos suyos, como Gauguin y Monet. Las míticas obras “Los girasoles” o “Los comedores de patatas” se pueden admirar aquí. Su colección permanente muestra un total de 200 pinturas, 500 dibujos y más de 700 cartas, además de la colección de grabados japoneses del genial artista.

Museo Van Gogh. Museumplein 6, 1071DJ Ámsterdam. Tel. +31 20 570 5200. Horario: De domingo a jueves, de 9 a 19 h. Viernes de 9 a 22 h. Sábado de 9 a 18 h. Precio: 19 € adultos, gratis menores de 18 años. *www.vangoghmuseum.nl*.

MUSEO STEDELIJK Y MUSEO MOCO

El *Stedelijk museum*, por su parte, se dedica al arte contemporáneo y ofrece numerosas exposiciones temporales y numerosas actividades culturales. Aquí puede admirarse a Piet Mondriaan, Matisse, Malévitch o a los artistas del Grupo Cobra, así como a obras maestras del diseño contemporáneo, como muebles de Mies van der Rohe. El museo tiene una nueva ala, bautizada popularmente como “la bañera”, ya que desde fuera el edificio se ve como una gigantesca bañera blanca.

En una mansión del siglo XIX en esta plaza se encuentra el *museo Moco*, que aunque por sus siglas no parece muy atractivo para el visitante de habla hispana, es muy recomendable para todos aquellos amantes del *street art*: el centro está dedicado al artista urbano Banksy y a otros creadores que hacen del grafiti un instrumento de denuncia y protesta poética. Algunas de sus obras más icónicas se pueden admirar aquí, entre el clasicismo de los ventanales, con lo que el contraste está servido.

Museo Stedelijk. Museumplein, 10. 1071DJ Ámsterdam. Tel. +31 20 573 2911. Horario: De 10 a 18h. Viernes de 10 a 22h. Precio: 18’50 € adultos, gratis menores de 18 años. *www.stedelijk.nl*

Museo Moco. Honthorststraat, 20, 1071DE Ámsterdam. Tel. +31 20 370 1997. Horario: De 9 a 19 h. Viernes y sábado de 9 a 20 h. Precio: 14,50 € adultos, 12 € de 16 a 17 años, 9,50€ de 10 a 15 años, gratis menores de 10 años. *https://mocomuseum.com*

Concertgebouw

La sala de conciertos de música clásica Royal Concertgebouw es digna de visita, y además ofrece conciertos gratis de media hora cada miércoles a las 12.30 horas, de mediados de septiembre a finales de junio. Hay visitas guiadas al edificio y diversas ofertas para asistir a alguno de los numerosos conciertos y recitales.

Concertgebouw. *Concertgebouwplein 10, 1071LN Ámsterdam. Tel. +31 206718345*. Visitas guiadas en inglés en diferentes horarios, 11€ por persona. Miércoles a las 12.30 conciertos de media hora gratis (julio y agosto, no). *www.concertgebouw.nl*

VONDELPARK

Vondelpark, siempre muy concurrido

Saliendo de la plaza Museumplein, se llega a un barrio residencial con amplias casas, y algunas de las calles más caras de la ciudad. El parque de Vondelpark es el centro neurálgico de esta zona. Una gran extensión verde de 50 hectáreas que oxigena la ciudad y donde, haga sol o no, hay siempre actividad y gente disfrutando, adultos y niños.

Nuevamente, paseando por Ámsterdam el viajero puede vivir en primera persona la verdadera convivencia y la interculturalidad que hacen de esta ciudad una de las más dinámicas de Europa. Mientras en un lado de Vondelpark y las calles más directamente adyacentes están algunas de las casas más caras y elegantes de la ciudad, en el otro lado solo hay que andar cinco minutos para llegar a *Kinker Straat*, una calle animadísima llena de bazares con frutas y verduras de Turquía, vendedores chinos y tiendas de electrodomésticos regentas por paquistaníes.

En un extremo de Museumplein se encuentra una de las fábricas de diamantes más antiguas de Ámsterdam, *Royal Coster Diamonds*, desde 1840. Se puede visitar gratis el taller para ver cómo tallan y pulen los diamantes. Cuando acaba la visita te obligan a pasar por la tienda antes de salir a la calle (aunque, evidentemente, no pueden obligarte a comprar). Es un sitio recomendable para conocer cómo se fabrican los diamantes y el proceso que lleva a convertir una piedra en una joya que brilla. El adyacente museo de los diamantes, propiedad de la misma fábrica, es un lugar muy turístico y donde hay que pagar. Como curiosidad, además de los *tours* estándar para los visitantes, ofrecen uno privado dedicado a anillos de compromiso… al módico precio de 350 € por persona. Es de suponer que después de eso la respuesta sea: "sí, quiero".

DE PIJP

Saliendo del barrio de los museos y caminando hacia el este se llega a uno de los barrios más animados de Ámsterdam, De Pijp. Se le conoce como el Barrio Latino de la ciudad, por su alta densidad de oferta de cafés y restaurantes, tiendecitas con mucho encanto y su actividad artística y multicultural.

> En esta zona se encuentra la destilería histórica de la cervecera Heineken, ahora convertida en un gran local de degustación, eventos y ocio, bautizado como *Heineken Experience*.

Uno de los motores de este barrio es el mercado al aire libre Albert Cuyp. Allí el visitante puede encontrar de todo, desde comida y bebida hasta flores, ropa, cosmética, telas, accesorios y hasta electrodomésticos, todo aliñado con el espíritu bromista y bohemio de los mercados holandeses. Más de 260 puestos lo convierten en el mercado al aire libre más grande de Europa. Pasear por el Albert Cuypmarkt es una experiencia para los sentidos.

Mercado Albert Cuyp. Albert Cuypstraat. Horario: de lunes a sábado, de 9 a 17h.

AMSTERDAM NOORD

Si el viajero quiere visitar el Ámsterdam más moderno y alternativo, tiene que ir a la nueva zona de Amsterdam Noord (Norte).

Antiguamente el barrio Noord era una zona de muelles de carga y dársenas, grúas, naves y talleres industriales. Pero también una pequeña zona agrícola, con granjas de animales incluidas (es la única zona de la ciudad de Ámsterdam catalogada como de uso agrícola). En los últimos años desde el ayuntamiento se ha apostado por una gran renovación de la zona, reciclando los grandes espacios industriales para organizar exposiciones, *performances*, festivales de música y teatro… El contraste entre lo antiguo y lo moderno está servido.

Asimismo, se han alzado edificios icónicos, como el nuevo museo del cine, el Eye Film museum, y la torre A'dam. Un paseo a la orilla del IJ recuerda los paseos marítimos del Mediterráneo.

Noord está situado al otro lado del río Ij, detrás de la estación central de Ámsterdam, Centraal Station. Desde allí, se camina un par de minutos hasta la parte del muelle y se coge el ferri lanzadera que cruza al otro lado a lo largo del día sin interrupciones. La empresa GVB opera el servicio de transporte en barco, con las líneas 901 y 907 entre Centraal Station y Buiksloterweg. Es gratis y se puede entrar también con bici y con moto. De hecho, hay muchas otras líneas que cruzan el río y van a diferentes áreas del barrio Noord, como al NDSM.

Mientras se cruza el río en cinco minutos, desde el ferri ya se pueden admirar los dos principales edificios de la zona: el Eye y la Torre A'Dam.

EYE FILM MUSEUM

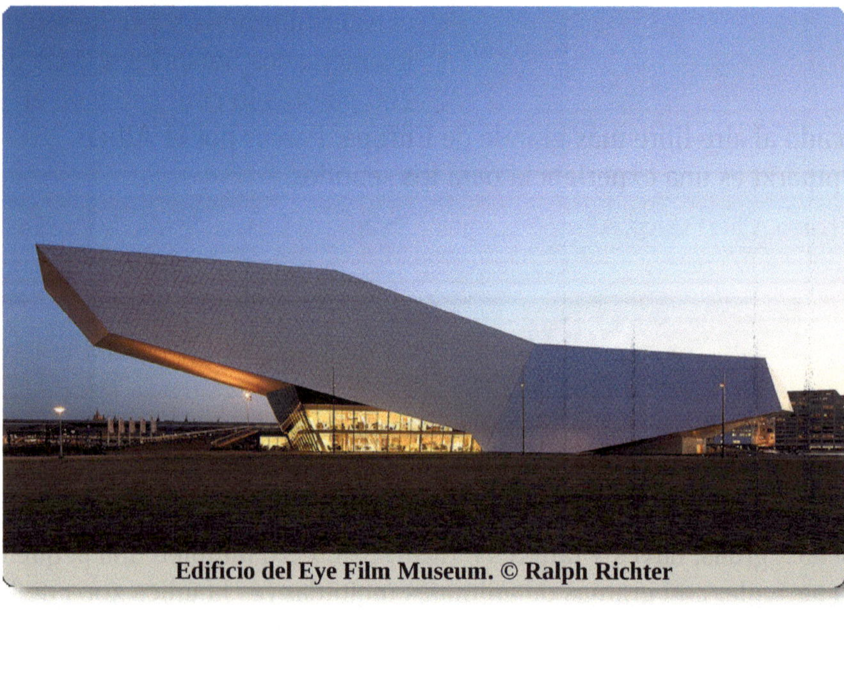

Edificio del Eye Film Museum. © Ralph Richter

El Eye Film museum nació en 2010 aglutinando cuatro grandes instituciones holandesas que trabajan en torno al cine. Cuenta con un archivo histórico de más de 40.000 películas, así como material relacionado con el cine y la imagen en general, como pósters, carteles, maquinarias… Una parte de este material (como un zoótropo o una linterna mágica) se puede ver en la exposición que hay en el vestíbulo de entrada, cerca del restaurante, y que se puede visitar sin entrada. Hay cuatro cines y se organizan múltiples exposiciones y actividades.

En 2012 se inauguró el edificio que alberga este museo, una construcción blanca y alargada que ofrece una fantástica vista a la ciudad y es uno de los preferidos por los habitantes de Ámsterdam.

Al lado del Eye se levanta el rascacielos de 21 pisos llamado Torre A'dam (así es como abrevian los habitantes de Ámsterdam el nombre de su ciudad). Originariamente era la sede de la petrolera Shell y se llamaba Toren Overhoeks, pero tras su traslado dejó el edificio en desuso durante varios años. En 2016 se reabrió remodelado, y con un principal atractivo: ser uno de los principales miradores de la ciudad y sus alrededores, y la posibilidad de columpiarse a esa altura, con la sensación vertiginosa de estar volando por encima de la ciudad.

Se accede hasta el piso 20 por un ascensor en 22 segundos. Allí está el Panorama Deck y el restaurante Madam. Desde ese punto se puede ascender un piso más, a un nivel abierto por completo al exterior, el Sky Deck. Allí, además de las vistas, se puede soltar adrenalina en un columpio que te permite estar volando a 100 metros de altura. Muchos holandeses miran a este columpio con algo de desdén, por su connotación de atracción de parque turístico, pero si al viajero le van las emociones fuertes está claro que es algo que debería probar. Miren sino el nombre oficial del columpio: “over the edge” (sobre el borde).

Si lo que prefiere el viajero es disfrutar con los contrastes, es recomendable que, detrás del rascacielos de la Torre A'dam y el Eye, se de un paseo por el parque De Tolhuistuin. Pequeños pabellones construídos en los años 1970 alrededor del antiguo restaurante de los trabajadores de la Shell y que se alzan en el mismo terreno donde en el Siglo de Oro llevaban a los malhechores ejecutados en la ciudad.

Eye Film Museum. Ijpromenade 6. Tel. +31 20 589 1400. Horario: De 10 a 19h. Precio: 11 € adultos, gratis menores de 18 años. Entrada a los cines, 11 € adultos, 7'5 € niños hasta 11 años. *www.eyefilm.nl*.

Torre A'dam. Overhoeksplein 5. Tel. +31 20 242 0100. Horario: De 10 a 22h, última admisión a las 21 h. Precio para acceder al Lookout, los pisos 20 y 21, con vistas de 360º: 13,50 € a partir de 12 años, 7,50€ de 4 a 12 años. Para subir al columpio hay que pagar un suplemento de 5€ y te dan una franja de tiempo prefijada. Altura mínima, 130 cm. *www.adamlookout.com*

Cultura alternativa

Las antiguas naves industriales abren paso al mundo más alternativo, ecológico y creativo de Ámsterdam. En toda esta zona, floreció la industria de la construcción de barcos a raíz de la apertura del canal del Mar del Norte en 1870. El antiguo astillero de la compañía naviera NDSM (Nederlandse Dok en Scheepsbouw Maatschappij) es una de las mayores naves, donde desde los años 20 del siglo pasado se construían barcos de pasajeros y de mercancías, y donde en la época de más actividad se llegaban a botar seis barcos al año, siendo la constructora de barcos más importante del mundo.

El año 1984 la empresa quebró y llegaron años de vacío, hasta que en los 1990 el colectivo okupa llegó y empezó a organizar actividades artísticas y alternativas. Ahora es un espacio repleto de todo tipo de talleres, experimentos creativos, y en verano acogen festivales y eventos, tertulias sobre sostenibilidad, ecología y medio ambiente.

El visitante puede pasear entre contenedores de barco pintados de vivos colores, una residencia de estudiantes formada por contenedores apilados, grafitis y arte urbano para todos los gustos, tomar una cerveza servida desde un mostrador que es una antigua forja y por donde pasean unas gallinas… un ambiente diferente, divertido y alternativo.

ARQUITECTURA VANGUARDISTA

El premiado edificio Kraanspoor

Los amantes de la arquitectura tienen también su trozo de pastel en este barrio. Andando o en bici, pueden admirar desde fuera, o asomar la nariz, a muchos edificios que les sonarán. En la zona de la NDSM está el edificio del *Kraanspoor*, de 270 metros de largo (no de alto). Construido por la arquitecta Trude Hooykaas, ha ganado multitud de premios por su transparencia y sensación de ligereza, a pesar de ser el edificio plano más grande de Holanda. La antigua forja se ha tranformado en el Double Tree de Hilton. En una antigua grúa restaurada se aloja ahora un hotel.

Hay numerosos ejemplos del estilo de la Escuela de Ámsterdam, como edificios de Berlage. El "Vogeldorp" (oficialmente, el pueblo de pájaros) es un complejo construido para albergar a los trabajadores de clases bajas que vivían en casa insalubres, imitando el ambiente de jardín idílico de la campiña inglesa. En 1997 fue declarado monumento de interés cultural. En Nieuwendam hay una curiosa mezcla de la arquitectura de la Escuela de Ámsterdam con características de las edificaciones de los *polders*, un complejo de viviendas diseñadas para los obreros en tiempos de la II Guerra Mundial.

El edificio Albatros, del equipo de arquitectos HVDN, ganó un premio de arquitectura al mejor proyecto de viviendas: el complejo incluye casas para mayores y para jóvenes, servicios, salas de encuentro y actividades, exposiciones de arte…

En los terrenos de De Ceuvel, un antiguo astillero de barcos, un grupo de arquitectos, ecólogos, artistas y restauradores han montado un microuniverso de sostenibilidad. Las antiguas casas barco de la zona conviven con plantaciones de lo que llaman el "jardín prohibido" que sirve para aposentar la tierra firme. Un café con criterios absolutamente sostenibles y ecológicos completa el conjunto.

La Escuela de Ámsterdam

El visitante que recorre Ámsterdam puede ver que muchos edificios están construidos con ladrillo rojo. Es una de las características de la llamada Escuela de Ámsterdam, un estilo arquitectónico de principios del siglo XX muy ligado al modernismo y al *art déco*. Ladrillos cortados en formas redondeadas, vidrieras, hierro forjado y agujas en los tejados tienen mucho en común con el modernismo de otros países.

En la ciudad hay muchos ejemplos de este movimiento, que se usó sobre todo para viviendas sociales, escuelas y edificios gubernamentales. Destacan algunos de ellos, como el conjunto de edificios *Het Schip* (el barco), del arquitecto modernista Michel de Klerk, uno de los grandes exponentes de la Escuela de Ámsterdam. Se encuentra muy cerca del Westerpark y originariamente era un bloque de viviendas para obreros.

Otro ejemplo destacado es la arquitectura de Berlage, en edificios como la Bolsa, en la calle Damrak, o todo el barrio de Oud Zuid, al sur de Vondelpark. Allí se levantó una ampliación de la ciudad a principios del siglo XX planificada por este arquitecto. Hay edificios muy interesantes en lo que ahora es uno de los barrios más lujosos de la ciudad.

También hay ejemplos de esta arquitectura en el barrio Norte. Y casi tocando a la estación central se encuentra el grandioso edificio del antiguo Scheepvaarthuis, sede de seis importantes compañías navieras, construido entre 1912 y 1916 por Johan van der Mey y con unos interiores ricamente decorados. Actualmente acoge el *hotel Amrâth*, pero vale la pena asomarse a su interior.

ALQUILER DE BICICICLETAS

Muchos hoteles, albergues o *bed and breakfast* ofrecen servicio de alquiler de bicis o descuentos en algunas compañías. Vale la pena informarse bien antes en el alojamiento previsto. Algunas de las compañías más importantes de alquiler de bicicletas son:

• **Yellow Bike**: *A dos minutos andando desde la Estación Central de Trenes: Nieuwezijds Kolk 29, 1012 PV Ámsterdam. También en Oudezijds Armsteeg 2. Tel. +31 20 6206940.* Horario: De marzo a octubre de 9.30 a 18h. De noviembre a febrero de 9.30 a 17h. Las bicis se pueden alquilar para 24 horas, es decir, devolverlas al día siguiente. Tienen espacio para dejar equipaje. Precio: 12€ las 24 horas. También ofrecen *tours* guiados, por ejemplo de 2 horas, 24,50€. . *www.yellowbike.nl.*

• **Mac Bike**. *De Ruijterkade 34B. 1012 AA Ámsterdam. Tel. +31 20 624 83 91*. Este local está al lado de la Estacion Central de Trenes, pero la compañía cuenta con 5 diferentes locales por toda la ciudad, y más de 2.500 biccletas en *stock*. Horario: todos los días de 9 a 18h. Tiene bicicletas de todos los tipos y con un gran surtido de posibilidades. Precio aproximado: bicicleta sencilla, 1 h. 5€, 1 día 10€. *www.macbike.nl*

• **Black Bikes Amsterdam**. *Nieuwezijds Voorburgwal 146. 1012 SJ Ámsterdam. Tel. +31 852737454.* Situado junto a la plaza Dam, cuentan además con 13 tiendas por toda la ciudad y 2.000 bicicletas disponibles. Horario: días laborales de 8 a 20h. Fines de semana de 9 a 17h. Se puede alquilar a partir de 3 horas por 6€. *http://black-bikes.com*

CRUCEROS POR LOS CANALES

• **Blue Boat Company**. *Se puede embarcar en dos sitios: Stadhouderskade, 30, Ámsterdam (enfrente del Hard Rock Café) y Stadhouderskade 78, Ámsterdam (enfrente de Heineken Experience). Tel. 31 20 676 0302*. Horario: de marzo a octubre, diario de 10 a 18 h, cada 30 minutos. De noviembre a febrero, diario de 10 a 18h, cada 60 minutos. Precio: 18 € adultos, 8,50 € niños de 5 a 12 años, gratis los menores de 5 años. La ruta dura 75 minutos, audioguía también en español. Ofrecen asimismo *tours* nocturnos, para niños, con cena… *https://amsterdamcanalcruises.nl*

• **Stromma**. *Se embarca al lado de la estación central de trenes, calle Prins Hendrikkade 33. Ámsterdam. Tel. 31 20 217 0501* Cuentan con diferentes *tours* y ofertas. *Tour* de los lugares estrella de la ciudad: Horario: diario de 9 a 18 h, cada 20 minutos, y de 18 a 21 h cada 30 minutos. Precio: 15 € adultos, 9 € niños de 4 a 12 años, gratis menores de 4 años. La ruta dura 60 minutos, audioguía también en español. Asimismo, *tours* nocturnos a la luz de las velas, con quesos y vinos... Se pueden alquilar también barquitos pequeños e incluso botes a pedales. *www.stromma.nl*

COMPRAS

Núcleo histórico medieval

- **Slijterij De Vreng & Zonen**. *Nieuwendijk 75, 1012 MC Ámsterdam. Tel. +31 20 624 4581.* Destilería histórica, con orígenes que se remontan al siglo XVIII. Aquí se puede comprar todo tipo de ginebras (jenever), la bebida holandesa por antonomasia, de diferentes variedades y grados. También con botellas tradicionales o decorativas. *www.oudamsterdam.nl*
- **Van Stapele**. *Van Stapele. Heisteeg, 4.* Abierto de 10 a 18. Un pequeño espacio con mucho encanto donde se puede comprar un solo tipo de galletas, que hacen allí mismo, a la vista del cliente. Chocolate negro con un relleno de chocolate blanco. Habitualmente hay colas en la calle para comprar estas galletas, aún calientes. *www.vanstapele.com*
- **Gassan**. *Nieuwe Uilenburgerstraat 173-175. Tours* gratuitos por si alguien quiere comprar diamantes. De 9 a 17h. *www.gassan.com*
- **Herboristería Jacob Hooy**. *Kloveniersburgwal 10 – 12. Tel: +31 20 6243041.* Horario: lunes de 13 a 18h. De martes a viernes, de 10 a 18h. Sábado de 10 a 17h. Herboristería histórica, desde 1743. Especias, tés, productos cosméticos, hierbas medicinales, en un espacio singular con utensilios antiguos y originales de la época. *https://jacob-hooy.nl*
- **Hajenius**. *Rokin, 96. 1012 KZ Ámsterdam. Tel. +31 20 623 7494.* Horario: de 9.30 a 18h. Lunes desde las 12h. Domingo de 12 a 17h. Aunque no se fume, es impresionante visitar esta tienda de tabaco en un local centenario. Aparte del gran surtido, tienen una exposición sobre la historia de este producto y mucho material para ver cómo se fabrica un cigarro habano o cómo son las hojas de la planta. *www.hajenius.com*
- **Mercado de libros en el Spui**. Cada viernes de 10 a 18h se instala este mercado callejero, punto de encuentro de coleccionistas, escritores y lectores. Libros, carteles, mapas, curiosidades, y alguna joya de bibliófilo. Las tres grandes librerías vecinas (American Book Center, Atheneum y Waterstones) hacen el mercado aún más interesante.

Canales

- **Artesanía y ropa *vintage***. Las callejuelas del barrio de las “9 straatjes” están repletas de pequeños locales a descubrir, que se renuevan constantemente. Artesanía, piezas originales, ropa *vintage*, pequeñas tiendas con encanto, *boutiques*, galerías de arte y diseño…
- **Antigüedades**. La calle Nieuwe Spiegelstraat es una de las más bonitas de la ciudad y reúne los anticuarios más cotizados. Calle con mucho encanto, algunos escaparates parecen más exposiciones artísticas.
- **Mercado de flores**. *Singel.* Cada día de 9 a 17.30 h, domingo de 11 a 17.30h. Flores, bulbos, recuerdos típicos, zuecos de madera.

• **Mercado ecológico**. Las tiendas de las callejuelas del Jordaan tienen un aire ecléctico y bohemio. Destaca también el "boerenmarkt" de los sábados por la mañana (de 9 a 16h) en la plaza Noordermarkt, con todo tipo de productos ecológicos, y en el mismo sitio, el mercadillo de los lunes por la mañana (de 9 a 13h).

• **Antique & Prints**. *Singel, 496. Tel. +31 206255578*. Grabados, mapas antiguos, pósters *art déco*… una delicia de tienda repleta de obras de diferentes épocas, calidades y precios. *www.antique-prints.nl*

• **Kaashuis Tromp**. *Utrechtsestraat, 90. Tel. +31 20 624 1399*. El paraíso para los amantes del queso. Muchas especialidades holandesas destacables, como los quesos con hierbas silvestres variadas. También venden tostadas, vinos y productos relacionados con el queso. Por cierto, un artículo típicamente holandés es el tradicional "kaasschaaf", un cuchillo especial para cortar queso en láminas finas y que está en todas las casas y tiendas.

• **Kalverstraat y Leidsestraat** son dos ejes comerciales con centenares de establecimientos, sobre todo de las cadenas que se encuentran por todo el planeta.

Barrios orientales

• **Mercado Dappermarkt**. *Dapperstraat, 1093 BS Ámsterdam. Tel. +31 20 694 7495*. Es uno de los más auténticos de la ciudad, con productos de todo el planeta y clientes también de todo el planeta. De lunes a sábado, de 9 a 17h. *www.dappermarkt.nl*

• **Tienda del museo Tropenmuseum**. *Tropenmuseum, Linnaeusstraat 2*. De 10 a 17h, de martes a domingo. Es un buen sitio para comprar objetos relacionados con sus exposiciones, como máscaras, esculturas o textiles de África y Asia. Accesible con la entrada al museo.

Barrio de los museos y De Pijp

• **Royal Coaster Diamonds**. *Paulus Potterstraat 2-8. www.costerdiamonds.com*

• **Mercado Albertcuyp** *Albert Cuypstraat 1072*. De lunes a sábado de 9 a 17h. Tiene de todo, y si no, te lo buscan. *https://albertcuyp-markt.amsterdam*

• **Marcas de lujo**. La calle P.C. Hooftstraat, entre Vondelpark y Museumplein, aloja algunas de las tiendas de marcas de lujo más renombradas, como Chanel, Prada, Dior, Louis Vuitton, Dolce & Gabbana y Jimmy Choo.

• **Pied à terre**. *Overtoom, 135-137. Tel. +31 20 627 4455*. Horario: de lunes a sábado de 10 a 18h. Lunes desde las 13h. Miércoles y viernes hasta las 19h. Libros de viajes, guías, globos terráqueos, mapas, todo en varios idiomas. La mayor librería de viajes de Europa, con el ambiente de una academia renacentista con sus galerías y claraboyas. *www.jvw.nl*.

Noord

• **De Ruimte**. *Distelweg 83*. Jueves y domingo de 17 a 1h. Viernes de 17 a 3h. Tienen el lema: "esto no es un café". En realidad es un gran centro cultural alternativo, donde puedes tomar un café pero sobre todo asistir a sesiones de jazz, lecturas poéticas y conferencias de todo tipo. Se pueden comprar vinilos de pequeñas discográficas holandesas y otras pequeñas joyas alternativas. Prestan la cocina a jóvenes promesas que quieren mostrar sus platos. *www.cafederuimte.nl*

• **IJhallen**. *Neveritaweg, 15.* Fines de semana sin regularidad (consúltese la web). Mercadillo tipo rastro y de intercambio. Sitio curioso para socializar con los holandeses más *hippies* del momento. Precio de entrada al mercado: 5€ adultos, 2€ niños. *https://ijhallen.nl*

RESTAURANTES

Núcleo histórico medieval

• **Restaurante D'Vijff Vlieghen**. *Spuistraat, 294-302. Tel. +31 205304060.* Horario: todos los días de 18 a 22h. Cinco casas del siglo XVII alojan el histórico restaurante (literalmente, "Las 5 moscas"). Es uno de los restaurantes más clásicos de la ciudad, donde se pueden probar platos tradicionales holandeses con un toque de modernidad, en un decorado del Siglo de Oro y con obras originales de Rembrandt. Entrantes entre 10 y 15€, platos principales entre 20 y 25€, ofrecen también menús de degustación (por ejemplo, 5 platos con 5 copas de vino, 80 €). *http://vijffvlieghen.nl*

• **Café De Jaren**. *Nieuwe Doelenstraat, 20-22. Tel. +31 20 6255771.* Horario: Café de 8.30 a 1h (viernes y sábado hasta las 2h). Restaurante todos los días de 17.30 a 22.30h. Un amplio café restaurante con una amplia terraza que da a los canales. Desayunos, "high tea", comida a mediodía y cena por la noche… un restaurante que todo el día tiene la cocina en marcha, con precios para todos los gustos. *www.cafedejaren.nl*

Febo

No es un restaurante pero es una cosa que hay que probar en Holanda y especialmente en Ámsterdam. Los holandeses le llaman "comer de la pared" y eso es lo que es: un dispensador automático en la pared, con pequeños armaritos en los que metes las monedas que hagan falta para abrir la portezuela y sacar una croqueta caliente, o un "fricandel" (especie de salchicha) o un bocadillo. Increíblemente, las croquetas son muy ricas, y todo el mundo hace un alto en el ajetreado día a día para zamparse una en mitad de la calle. Hay muchos repartidos por toda la ciudad, uno de los principales en la calle Damrak.

Canales

• **Café restaurant Van Puffelen.** *Prinsengracht 375-377. Tel. +31 20 6246270.* Un lugar acogedor, céntrico y perfecto para experimentar el estilo *amsterdammer* de los cafés donde también se come, se ríe y se hace tertulia. Recientemente ampliado con un restaurante más espacioso y recetas más internacionales. Mediodía, entre 6 y 15€, cena entre 20 y 35€. *www.restaurantvanpuffelen.com*

• **Tempo Doeloe**. *Utrechtstraat, 75. Tel. +31 618439251*. Uno de los mejores restaurantes indonesios de la ciudad. Muy recomendable probar un “rijstafel”, un gran muestrario de diferentes platillos. Atención: si pone “picante”, es picante. Rijstafel entre 30 y 60€. *www.tempodoeloerestaurant.nl*

• **Westergasfabriek**. *Westerpark. Pazzanistraat 33. Tel. +31 20 5860710*. Una antigua fábrica de gas aloja ahora un moderno espacio de ocio nocturno con múltiples restaurantes, bares, eventos y festivales de todo tipo, donde se puede desde cenar hasta tomar una copa y bailar hasta altas horas de la madrugada. *www.westergasfabriek.nl*

• **Van Dobben**. *Korte Reguliersdwarsstraat, 5-9. Tel. +31 20 62 44 200*. Un viaje al pasado, para tomar un bocadillo de pan de bollo a mediodía con un vaso de leche o de “karne melk” (una especie de leche agria). Un café de los años 1940 con paredes de azulejos blancos y ambiente acogedor. Uno de los bocadillos más típicos es el de “halfom”, con embutido mezclado con hígado. Bocadillos entre 4 y 8 €. *http://www.eetsalonvandobben.nl*

• **Café Nol**. *Westerstraat 109, Tel. +31 20 624 5380*. Horario: Miércoles y jueves de 21 a 3h. Viernes y sábado de 21 a 4h. Domingo de 21 a 3h. Lunes y martes cerrado. En el corazón del barrio del Jordaan, típico “bruin café” con un ambiente muy animado y acogedor. *https://cafenol.amsterdam/*

Barrios orientales

• **Restaurant De Plantage**. *Plantage Kerklaan 36. Tel. +31 20 760 6800*. Horario: de lunes a viernes de 9 a 1h, sábados y domingos de 10 a 1h. Amplio café restaurante de estilo clásico, con cocina muy variada y carta de desayunos, almuerzos y cenas. Precio medio para una comida completa, unos 35€ (sin bebida). Acogedor, elegante y rodeado de vegetación. *http://caferestaurantdeplantage.nl*

• **Bar Botanique**. *Eerste Van Swindenstraat 581. Tel. 31 20 358 6553*. Horario: viernes y sábado de 9 a 3h de la madrugada. Resto de días, de 9 a 1 de la madrugada. Ensaladas, bocadillos y una gran oferta de tés y cafés, batidos y cócteles y copas. Menú de la noche, también con cocina caliente, carnes, pescados o pizzas, entre 12 y 20€. *https://barbotanique.nl*

• **‘t IJ**. *Funenkade, 7. Tel. +31 20 261 9801*. Abierto todos los días de 14 a 20h. Cerca del zoo y a los pies del molino más grande de Ámsterdam está la célebre cervecería ‘t IJ, donde se pueden degustar diferentes tipos de cerveza artesana, acompañados de un plato de queso o embutidos. Esta cervecería cuenta desde el verano de 2018 con un segundo local en el corazón del gran parque Vondelpark, el Blauwe Theehuis, un café emblemático histórico en un edificio coquetón en medio del parque. *www.brouwerijhetij.nl*

• **Spirit Amsterdam**. *Czaar Peterstraat 2a. Tel: +31 20 737 1671*. Horario: cada día 8-23h. Casi enfrente de la cervecería ‘t IJ. Restaurante vegetariano y vegano con una amplia oferta tipo bufé. El cliente toma un plato, lo llena con lo que quiere y al llegar a la caja el plato es pesado en una báscula. Se paga por el peso de lo escogido. *www.spiritamsterdam.nl*

• **Café del Tropenmuseum**. *Mauritskade 64. Tel. +31 20 568 2000*. De lunes a miércoles de 10 a 19h, de jueves a domingo de 10 a 20h. Además de la oferta habitual, ofrecen platos típicos de los países sobre los que exponen en sus salas, desde quesadillas americanas y platos de Surinam hasta sopas de Indonesia o africanas. Entre 7 y 15€. *https://amsterdamdetropen.nl*

Barrio de los museos y De Pijp

• **Wildschut**. *Roelof Hartplein, 1-3. Tel. +31 20 676 8220.* Ambiente típico de "grand café" de Ámsterdam. Lo acogedor de un "bruin café" pero con más espacio y decoración *art déco*. Mesas grandes con periódicos y revistas, zonas más tranquilas con mesas redondas, gran terraza. Entre 15 y 20€ platos principales, también bocadillos, ensaladas, cafés, chocolate caliente. Horarios: sentido del humor holandés: en su web explican que abren los días laborables "de 9 hasta tarde", y los fines de semana "de 10 hasta más tarde". *www.cafewildschut.nl*

• **Loetje**. *Johannes Vermeerstraat 52. Tel. +31 20 662 8173.* Abierto todos los días de 10 a 22.30h (cuando cierran la cocina). Local de cocina tradicional neerlandesa, popularmente conocido por sus jugosos filetes de ternera. Tienen sucursales por todo el país. Filete "estrella de la casa", con salsa, hígado de pollo, cebolla y tocino, 24,50€, si se quiere extra grande 33€. *https://cafeloetje.loetje.nl/*

• **Foodhallen**. *Bellamyplein, 51.* Un antiguo almacén de tranvías se ha reconvertido en un mercado interior repleto de puestos de comida, bares variados y eventos culturales. Inaugurado en 2014, se ha convertido en un dinámico centro repleto de posibilidades. Cada martes, música en directo, y los viernes y sábados sesión de Dj's. Cocina sudamericana, libanesa, asiática... incluso un puesto de *pintxos* vacos y otro de jamón de jabugo. Para todos los gustos y bolsillos. *http://foodhallen.nl/*

• **Heineken Experience**. *Stadhouderskade 78. Tel. +31 20 721 5300.* Horario: De lunes a jueves de 10.30 a 19.30h. De viernes a domingo de 10 a 21 h. La última entrada es 2 horas antes de cerrar. Precio: 18 € adultos, 14.50€ niños de 12 a 17 años, gratis menores de 12 años. Los menores pueden entrar acompañados de un adulto y siempre que no beban alcohol. Para descubrir cómo se fabrica una de las cervezas más populares del mundo. El precio incluye dos cervezas. *https://www.heineken.com/heineken-experience*

Noord

• **Noorderlicht**. *NDSM- Plein 102. Tel. +31 20 492 2770.* Horario: todos los días de 11 a las 12 de la noche, sábados con eventos hasta más tarde. Café cultural con actuaciones en directo y un amplio programa de actividades. Bocadillos, ensaladas, batidos ecológicos y mucho encanto y sentimiento acogedor. *www.noorderlichtcafe.nl*

• **Café Ceuvel**. *Korte Papaverweg, 2-6. Tel. +31 20 229 6210.* Horario: de 11 hasta las 12 de la noche o las 2h según el día. Lunes, cerrado. Un ambiente alternativo con mucha gente joven, que te hace pensar en Ibiza o en Berlín. Madera reutilizada para todos sus muebles, arquitectura post industrial reconvertida en un restaurante sostenible. Una curiosidad: sirven bocadillos de "ganso no deseado", gansos que se cazan cada año en el aeropuerto de Schiphol para que no acaben entre los motores de los aviones. El reciclaje llevado al más detallado nivel. *http://deceuvel.nl*

ALOJAMIENTOS

Núcleo histórico medieval

• **Grand Hotel Krasnapolsky**. *Dam, 9. Tel. +31 20 554 9111.* En la misma plaza Dam, el corazón de Ámsterdam. Hotel con más de 150 años de tradición, que desde hace unos años pertenece a la cadena española NH. Ubicación inmejorable, desayuno imperial y un restaurante con una estrella Michelin concedida en 2018. Precio: desde 220€ (sin desayuno) en adelante. *www.nh-collection.com*

• **Hotel Brouwer**. *Singel 83. Tel. +31 20 210 1218.* Hotel sencillo con solo 8 habitaciones muy acogedoras en una antigua casa de 1652 con vistas al canal. También tienen habitaciones familiares. Precio: desde 100€ desayuno incluído. *www.hotelbrouwer.nl.*

Canales

• **Amsterdam American Hotel**. *Leidsekade, 97. Tel. +31 20 556 3000.* Un clásico, alojado en un precioso edificio de estilo neorrenacentista vienés y rematado por un campanario. El interior está decorado con un diseño "art nouveau", con vitrales, murales y lámparas. El viajero puede alojarse aquí o acercarse al café del hotel para tomar una merienda o un "brunch" y admirar el entorno. Precio: desde 220€ en adelante. *www.amsterdamamericanhotel.com*

• **Hotel Pulitzer**. *Prinsengracht, 323. Tel. +31 20 523 5235.* Completamente renovado en 2016, ocupa un laberinto de 25 casas del Siglo de Oro que dan a los canales más señoriales. Jardines interiores, ambiente acogedor, en pleno barrio de las "9 calles". Precio: desde 367€ en adelante. *www.pulitzeramsterdam.com*

• **Hostal Hans Brinker**. *Kerkstraat, 136-138. Tel. +31 20 622 0687.* Hostal nuevo y muy céntrico. Habitaciones de diferentes tamaños, muy práctico y limpio. Precio: desde unos 25€ por persona, desayuno incluído. *https://hansbrinker.com*

Barrios orientales

• **Hotel Lloyd**. *Oostelijke Handelskade, 34. Tel. +31 20 561 3607.* Restaurado con las buenas artes de un grupo de arquitectos y diseñadores que le han dado un aire innovador mezclando elementos tradicionales y modernos. El hotel ofrece habitaciones de todas las categorías, todas con diferente diseño, desde 1 a 5 estrellas, con lo que hay opciones para todo el mundo. Precio: desde 50€ habitación con 2 camas individuales y baño compartido, hasta 120€ en las *suites*, alguna incluso con un piano de cola. Al reservar se escoge la categoría de habitación, y al llegar, el hotel te adjudica una. Si el cliente quiere una habitación en concreto, tiene que pagar un recargo de 35€. *www.lloyd.nl*

Barrio de los museos y De Pijp

• **Albergue de juventud Stayokay**. *Zandpad, 5. Tel. +31 20 551 3133.* En pleno parque Vondelpark. Albergue juvenil histórico pero con instalaciones renovadas, con habitaciones compartidas y familiares. Alquilan bicicletas. La cadena Stayokay tiene albergues por todo el país. Forma parte de la cadena Hostelling International. Precio: desde 42€ por persona. *www.stayokay.com*

Conscious hotels

Conscious hotels. Grupo de hoteles comprometidos con la sostenibilidad, con una política medioambiental de reciclaje, ahorro de agua, energía eólica y solar, muebles hechos de madera sostenible y desayunos orgánicos. Tienen tres hoteles en la zona de los museos y Vondelpark y otro en Westerpark. Precio: desde 110€. *www.conscioushotels.com*

Noord

- **Hotel Faralda**. *NDSM- Plein 78. Tel. +31 20 760 6161*. Una grúa en la zona de los astilleros NDSM con solo tres habitaciones, una por cada piso de la grúa, cada una decorada en un estilo único. Arriba del todo hay un pequeño jacuzzi. Precios prohibitivos, de 850 a 1.250 €. *http://faralda.com/*
- **Asile Flottant**. *Korte Papaverweg 2. Tel. +31 615 211 299*. Una colección de barcos históricos amarrados y reconvertidos en un hotel con mucho encanto y mucho compromiso ecológico. Precio: Entre 300 € un barco para dos personas a 500 € para cuatro o 700 € para seis. *www.asileflottant.com*.

NOORD HOLLAND Y HAARLEM

La provincia de Noord Holland, al norte de Ámsterdam, es una de las zonas de Holanda donde las tarjetas de memoria de las cámaras fotográficas sufren más. Si el visitante quiere regresar cargado de fotos típicas con la iconografía más clásica de los Países Bajos, este es su viaje. Molinos, bicicletas, vacas, *pólderes*, puentes, tulipanes y pueblecitos marineros con casas de madera forman un cuadro difícil de olvidar.

Gran parte de esta provincia está bajo el nivel del mar, y por eso abundan los pólderes, terrenos desecados al mar a través de un sistema de molinos, diques y canales. Esta riqueza en agua permite también una extensa oferta turística y de actividades acuáticas, pero también tranquilos paseos entre las playas de dunas cubiertas de brezo y de bosques.

Muchas de las localidades, más o menos grandes, de la zona, ofrecen museos al aire libre para experimentar cómo era la vida tradicional. Hay demostraciones de cómo se fabrican los zuecos de madera y cómo se hace el queso, entre otras, y recreaciones históricas como la subasta de verduras en barcazas en los canales.

El viaje a esta zona de Holanda, además, se completa con la ciudad de Haarlem, una de las más bonitas y elegantes del país, y situada también cerca de frondosos parques naturales.

Haarlem

Haarlem brilló durante el Siglo de Oro neerlandés

Haarlem es la capital de la provincia de Holanda Septentrional (Noord Holland). A un cuarto de hora en tren desde Ámsterdam, (por cierto, con una preciosa estación de trenes de estilo *art déco*), es una ciudad elegante, dinámica, alegre, acogedora y con un tamaño muy asequible. Tiene algunos de los edificios más antiguos del país, un centro monumental, museos de renombre mundial, y también festivales de música con artistas de todo el mundo y tiendas rompedoras. El río Spaarne, canalizado, cruza la ciudad, y se pueden realizar excursiones en barco por los pequeños canales del centro.

En el Siglo de Oro se convirtió en el lugar donde llegaban comerciantes, artistas y mercaderes de todo tipo, propiciando una gran prosperidad económica. Estos nuevos ciudadanos, muy ricos, crearon una alta demanda de arte. Numerosos artistas flamencos, que huían de la invasión española del entonces sur de los Países Bajos (ahora Bélgica) recalaron en Haarlem y dieron paso a un florecimiento artístico sin igual.

El centro de la ciudad es la gran plaza Grote Markt, con el ayuntamiento gótico, el museo Vleeshal y la iglesia Grote Kerk. La Grote Kerk o iglesia de Sint Bavo es de estilo gótico y cuenta con un órgano, situado a 30 metros de altura y con unos 5.000 tubos, considerado uno de los mejores del mundo. Mozart, de niño, tocó en este órgano, y también Haendel. El Vleeshal es el antiguo mercado de carne y ahora acoge exposiciones temporales en el espacio De Hallen. Forma parte del museo Frans Hals.

En la plaza, cerca de la iglesia, se levanta la estatua de Coster, de quien se dice que inventó la imprenta años antes que Gutemberg. Desde la Grote Markt sale un entramado de callejuelas adoquinadas, con bonitas fachadas medievales. Viviendas particulares y negocios ocupan lo que antes eran almacenes, salas de reuniones de los gremios, mansiones de los mercaderes… En muchas tiendas se puede admirar, en el interior, algunos vestigios de la época.

Alquiler de barcos y *tours*
Haarlem Canal Tours. *Spaarne, frente a la casa número 17. Tel +31 68 412 7378.* Horario: De martes a domingo entre 11.30 y 17.30h. Precio: 14€ una ruta de 75 minutos en barcos abiertos. *www.haarlemcanaltours.com*
Green Joy. *Oranjekade, 4. Tel. +31 85 401 9555.* Alquiler de barcos con motor fuera borda con capacidad para 6 personas. Precio: 25€ por hora. *https://greenjoy.nl*

Alquiler de bicis
Muchos hoteles, albergues o *bed and breakfast* ofrecen servicio de alquiler de bicis o descuentos en algunas compañías. Vale la pena informarse bien antes en el alojamiento previsto.
Black Bikes Haarlem. *Houtplein, 22. Tel. +31 85 273 7454.* Horario: días laborales de 8 a 20h. Fines de semana de 9 a 17h. Se puede alquilar a partir de 3 horas por 6€. *http://black-bikes.com*

MUSEO FRANS HALS Y EL MUSEO TEYLERS

Las dos joyas culturales de Haarlem son el *Museo Frans Hals* y el Museo Teylers. El museo Frans Hals toma su nombre del más representativo de los pintores de la Escuela de Haarlem, Frans Hals. Está en un edificio que había sido un asilo del año 1608, remodelado en 1810 y convertido en orfanato. La fachada está decorada con influencias neorenacentistas.

El *Museo Teylers* es el más antiguo de toda Holanda. Exhibe miles de dibujos de grandes pintores de todas las épocas, como Miguel Angel y Rafael, pero también maquetismo, instrumental científico y muestras del coleccionismo de gabinete de los anticuarios del siglo XVIII, desde fósiles a minerales. Este museo fue donado en el siglo XVIII a la ciudad por un comerciante local, para aumentar el estudio de las ciencias.

Frans Hals Museum. *Está dividido en dos edificios históricos: el Hof, en Groot Heiligland 62; y el Hal, en Grote Markt 16, muy cerca uno del otro*. Tel. +31 23 511 5775. Horario: De martes a sábado, de 11 a 17 h. Domingos y festivos, de 12 a 17 h. Precio: 23 € adultos, gratis menores de 18 años. *www.franshalsmuseum.nl*

Teylers Museum. *Spaarne 16. Tel. +31 23 516 0960*. Horario: De martes a viernes, de 10 a 17 h. Fines de semana y festivos, de 11 a 17 h. Precio: 14 € adultos, 2 € niños de 6 a 17 años, gratis menores de 6 años. *www.teylersmuseum.nl*

PEQUEÑOS PATIOS

En Haarlem pueden admirarse, medio escondidos, los llamado "hofjes" (literalmente, pequeños patios). Son patios en torno a los cuales se agrupaban los edificios, a menudo hospicios y casas de beneficiencia, y que conservan el encanto del Siglo de Oro. Uno de ellos está cerca del Teylers Museum, el *Teylers Hofje*, construido también por iniciativa de Teylers, en la calle Koudenhorn.

La *Amsterdamse Poort* es la puerta que daba acceso al camino hacia Ámsterdam, y es lo único que queda de las murallas del siglo XV. La antigua prisión circular de Haarlem, un gran edificio histórico que se ve desde el río, está cerrada y acogió a miles de refugiados en la gran crisis migratoria de los últimos años. Ahora está en manos privadas, que planean abrir un centro de estudios al estilo de los "colleges" británicos.

El *Molino De Adriaan* es el único que queda en Haarlem. Procedente del siglo XVIII, se incendió en 1932 y fue reconstruído después de años de buscar financiación. Estaba situado en la muralla defensiva y había servido para producir curtidos, cemento, pintura y después tabaco. Ofrece visitas guiadas.

Pasear por la orilla del Spaarne admirando las fachadas de las mansiones históricas es un placer, así como alquilar un barquito o hacer un *tour* para verlo todo desde el agua. Cerca del molino hay un barrio de casitas antiguas y astilleros que han sido restauradas gracias a proyectos de integración de jóvenes en riesgo de exclusión social.

Grote kerk. *Sint Bavo. Grote Markt, 22. Tel. +31 23 553 2040* Horario: De lunes a sábado de 10 a 17 h. Precio: 2,50 € adultos, 1,25 € niños a partir de 12, gratis menores de 12 años. Domingos entrada gratis de 12 a 16h, en julio y agosto. *www.bavo.nl*

Molino De Adriaan. *Papentorenvest, 1 A. Tel. +31 62 906 8476.* Horario: De lunes a viernes de 13 a 17 h. (en invierno, solo lunes y viernes). Fin de semana de 10.30 a 17h. Precio: 5,50 € adultos, 2,50 € niños de 5 a 12 años, gratis menores de 5 años. *www.molenadriaan.nl*

ENTRE TULIPANES

Campo de tulipanes cerca de Keukenhof

Los jardines Keukenhof abren exclusivamente en la temporada de los tulipanes y flores de bulbo, para exhibir auténticas obras de arte realizadas a partir de las diferentes floraciones. Normalmente abren entre final de marzo y hasta mediados de mayo, pero conviene consultar cada año el calendario, ya que está muy unido a las condiciones climatológicas que marcan la eclosión de los bulbos. Tulipanes, narcisos, jacintos, orquídeas, claveles, rosas, lirios y muchas otras flores forman conjuntos esculturales preciosos.

Tienen un fácil acceso en autobús desde las ciudades más cercanas (Leiden y Lisse) pero también desde Haarlem, La Haya o Ámsterdam. Con 28 hectáreas, este antiguo coto de caza se convirtió en lo que es cuando, en 1949, el alcalde de Lisse reunió a 40 cultivadores y exportadores de bulbos de tulipán para organizar una exposición al aire libre cada primavera. Hoy en día participan más de 100 firmas que compiten por ver quién hace la composición más bella con casi 7 millones de flores de muchas variedades diferentes. Pero no hace falta pagar entrada para pasear entre tulipanes. Los campos de cultivo de las flores están abiertos al público, en toda la zona entre la costa de Haarlem y hacia el norte, siempre cerca de la costa occidental. Se puede pasear en bici, caminando, y según qué zonas también se ven mientras se conduce en el coche por encima de los diques.

Entre los meses de abril y mayo los holandeses sacan a pasear su pasión por las flores en algunos desfiles espectaculares, con carrozas que recuerdan los carnavales, pero cuyas gigantescas figuras están hechas exclusivamente con flores. El Bloemencorso es uno de los más importantes, un desfile floral anual que empieza en Noordwijk y acaba en Haarlem. 20 carrozas inmensas y 30 coches profusamente decorados hacen este recorrido de 42 kilómetros que pasa por la puerta del jardín Keukenhof. Las fechas cambian cada año, pero suele ser a mediados de abril.

Keukenhof. *Stationsweg, 166 A. Lisse.* Cuando está abierto (cada año depende del momento de floración, hay que consultar la web), todos los días de 8 a 19.30h. Precio: adultos 17€, niños de 4 a 17 años, 8€. *www.keukenhof.nl*

Alkmaar

Mercado de quesos de Alkmaar

Siguiendo una ruta circular que sale de Haarlem hacia el Norte, el primer pueblo importante es Alkmaar, otro de los "clásicos" de Holanda, especialmente por el mercado de quesos que siguen celebrando, rememorando el mercado del siglo XVIII, cada viernes, de abril a septiembre y en verano también los martes por la tarde. Aunque evidentemente está muy centrado en el público turístico, el mercado todavía es operativo. Los quesos son probados por catadores profesionales y paseados en bancales a hombros de los miembros de la corporación, que van vestidos de blanco y con un sombrero de paja con un ancho lazo.

El mercado de quesos se celebra delante del Waag, el edificio de la Balanza Pública, instalada en una capilla del siglo XVI y con un esbelto campanario que cada cuarto de hora pone en marcha las figuras de su carrillón. Dentro del Waag se encuentra el Museo del Queso, que muestra la fabricación del queso y la mantequilla a lo largo de la historia.

Mercado de queso. *Waagplein*. Viernes de 10 a 12.30, de abril a septiembre. Julio y agosto también los martes de 19 a 21h. *www.kaasmarkt.nl*

Museo del Queso. *Het Hollands Kaasmuseum. Waagplein, 2. Alkmaar. Tel. +31 72 515 5516*. Horario: De 10 a 16h. Precio: adultos 5€, niños de 4 a 12 años, 2€. Menores de 3, gratis. *www.kaasmuseum.nl*

Broek op Langedijk

Esta pequeña localidad cuenta con un antiguo mercado de hortalizas al por mayor. Funcionaba ya a finales del siglo XIX, en un edificio de estilo *art nouveau* construido a lomos de un canal. Así llegaban las barcazas cargadas de mercancías, desde los pólderes vecinos, y se subastaba la verdura entre los comerciantes. Hoy, el edificio alberga un museo y ofrece recreaciones históricas de la subasta, donde el visitante puede comprar verdura y fruta, aunque, por suerte, no es obligatorio hacerlo al por mayor. (¿Algún turista necesita 200 kilos de patatas?).

Museum Broeker Veiling. *Museumweg, 2. Broek op Langedijk. Tel. +31 22 631 3807*. Horario: De martes a domingo de 10 a 17h. Julio y agosto, también los lunes. Precio: adultos 17,50€, niños de 4 a 12 años, 9,25€. Menores de 3 años, gratis. La entrada incluye el museo, la demostración de la subasta y un paseo en barca con audioguía sobre los huertos de la zona y cómo se realizaba el comercio. *www.broekerveiling.nl*

Den Helder

Esta localidad está en la punta norte y es el puerto de donde salen los ferris en dirección a la isla de Texel.

Es el principal puerto militar del país y la base de la armada de los Países Bajos. También se concentran muchas actividades navales, como astilleros o un aeródromo naval. En 1799 allí desembarcaron las tropas anglo-rusas, y Napoleón levantó una fortaleza en 1811. Ahora su mayor protección se la otorga un gran dique de 10 km de largo, con una altura de 13 m sobre el mar y una profundidad de 64.

El museo de la Marina está dedicado a la marina de guerra desde el siglo XIX hasta nuestros días. Explica la construcción de barcos, las tradiciones y usos navales, y exhibe diversos navíos históricos, en los que la estrella es un submarino que se puede visitar por dentro y que había cumplido su función en las frías aguas árticas durante la Guerra Fría. También cuenta con un museo dedicado a los diferentes sistemas de salvamento en el mar, el Nationaal Reddingmuseum Dorus Rijkers.

Nationaal Reddingmuseum Dorus Rijkers. *Willemsoord 60G. Den Helder Tel. +31 22 361 8320.* Horario: De lunes a domingo de 10 a 17h. En invierno lunes cerrado. Precio: adultos 8,50 €, niños de 4 a 17 años, 6,50 €. Menores de 3 años, gratis. *http://reddingmuseum.nl*

Museo de la Marina. *Hoofdgracht 3. 1781 Den Helder Tel. +31 22 365 7534.* Horario: De lunes a domingo de 10 a 17h. En invierno, lunes cerrado. Precio: adultos 10 €, niños de 4 a 12 años, 6,50 €. Menores de 3 años, gratis. Tiques combinados para los dos museos, 15€ adultos, 10€ niños de 4 a 17 años. *www.marinemuseum.nl*

El gran dique

El gran *dique Afsluitdijk* es una obra de ingeniería digna de ver. A lo largo de 32 km, une la provincia de Noord Holland con las tierras del Norte, como las provincias de Frisia y Groninga. Se calcula que tiene unos 300.000 visitantes por año, sin contar los miles de usuarios holandeses que circulan cotidianamente por allí.

Construido entre 1927 y 1933, es una de las grandes obras holandesas. Es impresionante circular mientras se observa, a un lado, el Mar de Wadden, y al otro el lago IJsselmeer. Antes de la construcción del dique, el lago IJselmeer era el mar Zuiderzee. La construcción del dique propició el desalado del antiguo mar hasta convertirse en el gran lago de agua dulce de IJsselmeer.

Desde la localidad de Den Oever, se puede admirar en el principio del dique el monumento a Cornelis Lely, que planificó está gran obra de ingeniería. Allí puede uno tomarse un café en el Lunchroom het Monument, con una torre de observación y un puente para peatones que cruza la carretera y permite una panorámica espectacular.

A lo largo de 2018, y en un proyecto que se irá ampliando en los próximos años, el dique ha sido reforzado y mejorado para producir energía limpia, y se ha abierto un nuevo centro de visitantes y una exposición sobre el mar de Wadden en la conexión del dique con Frisia, así como un centro de protección de peces migratorios para que puedan pasar fácilmente del agua dulce a la salada.

Una vez cruzado el gran dique, ya en la provincia de Frisia, se pueden admirar las pequeñas poblaciones marineras de Makkum o Hindeloopen, o adentrarse en la historia de la pequeña Sneek. Incluso se puede visitar Leeuwarden, capital europea de la cultura en 2018, y Groninga, ciudad que combina la tradición con modernos museos. Pero para regresar a Noord Holland habrá que volver a circular en sentido de vuelta.

Playas, dunas y fauna salvaje

Bisontes en el parque Zuid Kennemerland

Desde Den Helder, el viajero puede descender a lo largo de toda la costa occidental para disfrutar de las impresionantes playas. El clima y las corrientes han hecho que las dunas sean las reinas del territorio, en un paisaje que va cambiando cada día.

Hasta llegar a tocar el mar, el viajero tiene que caminar por pasarelas que le guían entre las dunas, que a menudo son del tamaño de colinas. Al principio y final del día no es raro ver ciervos y conejos correteando por allí. Hay áreas de dunas que forman parte de parques naturales o de zonas protegidas, como alrededor de las localidades de Bergen y de Bakkum. Y en todas las playas, en verano, hay chiringuitos que en holandés se llaman “strandpaviljoen” donde tomarse una cerveza fría… o un chocolate caliente, dependiendo del viento del Norte.

Muy cerca de la ciudad de Haarlem destaca el llamado *Amsterdamse Waterleidingduinen*, una de las zonas de dunas más grande de Holanda. Entre las localidades de Zandvoort y Noordwijk se alza esta línea de dunas de 5 km de ancho y 10 de largo, unas 3.400 hectáreas. Hay diversas entradas principales, dos en Vogelenzang (Panneland), una en Zandvoort y otra en De Zilk, de las cuales surgen múltiples vías exclusivas para ir andando. Hay que pagar una entrada de 1,5 € para contribuir a la conservación del lugar. En la entrada de Panneland vale la pena tomarse un chocolate caliente en el café del mismo nombre, que recrea el mundo de las brujas del lugar.

También en esta zona está incluido el *parque nacional Zuid Kennemerland*. Es impresionante pasear por las altas colinas de dunas con la compañía casi constante de grandes ciervos y, si hay suerte, se puede ver un conjunto de bisontes europeos que están reintroduciendo para su estudio.

Amsterdamse Waterleidingduinen. De martes a domingo. De 10 a 17h. Tiquet obligatorio a partir de 18 años, de 1,5€. Solo se puede ir andando. Prohibido bicicletas y perros. *https://awd.waternet.nl/bezoek*

El triángulo de oro

Bajando hacia el sur desde el gran dique hacia Enkhuizen, se puede subir al tren de vapor, de 1926, que une las localidades de *Hoorn* y *Medemblik*, y enlaza después en un barco de vapor hasta el museo Zuiderzee en *Enkhuizen*, en una excursión con encanto que puede llevar todo el día.

En la estación de Hoorn hay un museo con locomotoras y máquinas de vapor originales. En las taquillas de la estación del tren de vapor, o en el barco, se compran las entradas. Las tres localidades, llamadas “el triángulo de oro”, se unen en este recorrido, dinamizado con ambientación histórica.

Tren de vapor. *Van Dedemstraat, 8. Hoorn*. Horario: De 9.30 a 17 h. Precio: diferentes tarifas según el recorrido. Combinación más frecuente: 22,50 € adultos, 16,80 € niños de 4 a 12 años, gratis menores de 4 años. *www.stoomtram.nl*

Enkhuizen

La villa de Enkhuizen con su interesante museo

La ciudad de Enkhuizen era el antiguo puerto del Zuiderzee, antes de que este mar interior se cerrara con el dique. Tuvo una época floreciente, por tanto, entre los siglos XVI y XVIII, de los que se conservan muchos edificios históricos.

La calle principal, la Westerstraat, cuenta con muchos antiguos palacetes, así como la vieja balanza pública, el campanario y el antiguo orfanato. El puerto, al que se llega por un animado paseo marítimo, está todavía en activo, con la torre Dromedaris rematada con un carillón. Muy cerca se encuentra el museo Flessenscheepjes Museum, la mayor colección del mundo de barcos dentro de botellas.

Pero lo más característico de Enkhuyzen es el precioso museo Zuiderzee Museum. Este espacio recrea la historia de la zona, con dos partes. La interior, el Binnenmuseum, está dedicada a las relaciones comerciales y situado en un antiguo almacén de la Compañía de las Indias Orientales. El museo al aire libre, el Buitenmuseum, expone más de 100 casas antiguas procedentes de diferentes localidades, con demostraciones al aire libre de los oficios tradicionales.

Zuiderzee Museum. *A 15 minutos andando desde la estación, o con el barco, también desde la estación. Tel. +31 22 835 1111*. Horario: De 10 a 17 h. La ruta ya forma parte del museo. El Buitenmuseum, la parte del museo al aire libre, abre de finales de marzo a finales de octubre. Precio: adultos 16 €, niños de 4 a 12 años, 10 €. Menores de 3 años, gratis. *www.zuiderzeemuseum.nl*

Marken, Volendam y Monnickedam

Casas tradicionales de Marken junto al canal

El triángulo formado por estas tres poblaciones, muy cercano a Ámsterdam, es una de las visitas más típicas (aunque también demasiado turísticas) de Holanda. Estos tres pueblecitos marineros, que vivían de la pesca de la anguila y el arenque en el IJselmeer, ofrecen al visitante casitas de madera reflejándose en el agua, barcas pintadas de colores, y recreaciones de los oficios antiguos y marineros. Para ver cómo se fabricaban los zuecos, probar el arenque al estilo tradicional y hacerse una foto con el traje típico, esta es la excursión.

Volendam cuenta con un puerto coquetón donde, todavía, llegan los barcos de pescadores el sábado. El Volendams Museum muestra las tradiciones locales. La población es católica y en las festividades se viste con los trajes típicos.

Monnickendam sigue a Volendam en número de habitantes y cuenta con una gran iglesia protestante así como diversos edificios históricos.

Marken es la localidad más pequeña de este triángulo, con apenas 2.000 habitantes, y es sin duda una de las más famosas y turísticas de Holanda. Es un islote formado por dos pequeños núcleos de casas de madera pintada, construídas sobre pilares dentro del mar, para prevenir las constantes inundaciones. Aquí la población es protestante, en contraste con Volendam, y también viste a la manera tradicional en las festividades importantes. En la Edad Media estaba habitado por un grupo de frailes. El Marker museum recrea la vida de un marinero en los años 30 del siglo XX.

Barco de Volendam a Marken
Haven 39. Volendam. Tel. +31 29 936 3331. Salidas cada 45 minutos. Ofrecen paquetes interesantes, como la excursión en barco ida y vuelta, comida típica de pescado, foto con traje tradicional, visita al museo y demostración de galletas tradicionales por 40€.
www.markenexpress.nl

En Marken la circulación en automóvil está prohibida, hay que aparcar en el espacio de pago en las afueras. A ese triángulo de poblaciones se puede llegar en bicicleta desde el mismo Ámsterdam, en una ruta de 20 km que se alarga hasta Marken. También se pueden alquilar bicis allí y hacer la ruta en la zona. Existe también un barco que hace la ruta desde Volendam hasta Marken. Un itinerario precioso y fácil para hacer caminando es andar por la isla de Marken desde el aparcamiento hasta el faro, de 1839. Son 5 km de postal.

Aparcamiento en Marken. Al entrar en el pueblo, el único aparcamiento público. Acceso más allá solo está permitido a los residentes. Precio: 3€ por hora, con un máximo de 9€ al día. También se puede pagar en fracciones de 10 minutos.

Volendams Museum. *Zeestraat 41. Volendam. Tel. +31 29 936 9258*. Horario: De 10 a 17h. Precio: adultos 4€, niños hasta 14 años, 2€. *www.volendamsmuseum.nl*

Marker Museum. *Kerkbuurt 44-47. Marken. Tel.+31 29 960 1904*. De finales de marzo a finales de octubre de 10 a 17h. domingos y festivos de 12 a 16h. Precio: adultos 3€, niños hasta 12 años, 1,5€. *www.markermuseum.nl*

Alquiler de bicis
Marken: Desde 1 hora 5€ a todo el día 15€. *www.dagjemarken.com*
Volendam: Desde 1 hora 5€ a todo el día 15€. También tienen motos.
www.vissertjevolendam.nl

De Rijp

Esta localidad está catalogada como uno de los pueblos más bonitos de Holanda. Tiene algunas de las casas de madera más antiguas y bellas del país. Antes de que los lagos de alrededor fueran desecados para convertirse en los históricos pólderes de Beemster y Schermer, era una localidad que vivía de la industria del arenque.

De esa época han quedado edificios históricos monumentales, como el ayuntamiento y la antigua balanza pública. En verano las terrazas están llenas de gente con ganas de disfrutar del sol, y en invierno no es extraño que el canal en la zona cercana a la esclusa se hiele y haya gente patinando.

Un museo presenta al visitante la vida en una casa de madera y la historia pesquera de la ciudad.

Museo de la casa de madera. *Tuingracht 13. De Rijp. Tel. +31 29 967 1286.* Horario: Del 15 de abril al 15 de octubre, de martes a domingo de 13 a 17h. Junio, julio y agosto, de 11 a 17h. En invierno domingos de 13 a 17h. Precio: adultos 4,50 €, niños de 4 a 16 años, 2 €. Menores de 3 años, gratis. *www.houtenhuis.nl*

Zaanse Schans

Este pueblo es un museo al aire libre que replica las casas y estructuras de un pueblo del siglo XVIII y XIX, con casas de madera, molinos de viento y demostraciones de oficios tradicionales. Se puede admirar también desde un barco turístico, desde el cual, además de la vista panorámica, se ofrecen explicaciones sobre cómo funcionaba cada molino –de aceite, de grano...- y qué función tenía cada casa. Durante el siglo XVIII se llegaron a levantar aquí más de 600 molinos, dedicados a moler especias y a producir pintura, tintes y óleos, una auténtica región industrial en la época. Hay diversos museos de oficios tradicionales y tiendas con maquinaria original.

Crucero turístico a Zaanse Schans. Hay muy diferentes rutas y precios, desde una en un barquito hasta otra que lleva a Zaanse Schans desde la estación central de Ámsterdam. Diversos precios según la distancia. Hay audioguía en diversos idiomas, también español. *www.dezaanseschans.nl*

Pólderes y diques

Circular en coche, bicicleta o andando por encima de un dique y admirando los pólderes a lado y lado es una experiencia obligatoria en Holanda. En la provincia de Noord Holland hay algunos de los pólderes más antiguos del país, y varios de ellos, como los de Beemster y Schermer, han sido declarados patrimonio de la humanidad por la UNESCO.

A principios del siglo XVII, y gracias a 43 molinos, el gran lago de Beemster se convirtió en una vasta extensión de tierra dividida en patrones geométricos de cuadrados y rectángulos. La UNESCO lo calificó como “obra maestra de creatividad” en el diseño de paisajes.

La ruta entre De Rijp y Broek op Langedijk, por ejemplo, es preciosa para disfrutar de estos dos pólderes entre campos, ovejas y vacas pastando, pueblecitos de postal y molinos antiguos.

Cohetes y astronautas

Un poco al sur de Haarlem, en Noordwijk, se encuentra el Centro Europeo de Investigación y Tecnología Espaciales (ESTEC). Es el principal centro de investigación y desarrollo de la Agencia Espacial Europea. Cuenta con casi 3.000 científicos, ingenieros y técnicos que trabajan en el diseño de satélites, naves y tecnología espacial.

Este centro cuenta con un espacio de exposición permanente abierto al público, el Space Expo, con mucha información, material interactivo y todo tipo de materiales reales sobre el mundo de la exploración espacial, como por ejemplo la nave Soyuz donde estuvo el astronauta holandés André Kuipers, del que se ofrece mucha información.

Para el que quiera saber más, un trenecito lanzadera lleva a los visitantes a conocer las instalaciones adyacentes del ESTEC, con guías que explican los modelos en que están trabajando y los módulos de entrenamiento de los astronautas.

ESTEC. *Keplerlaan 3. Noordwijk. Tel. +31 71 200 1400.* Horario. De 10 a 17 h. Precio: Adultos 12,50 €, niños de 4 a 12 años, 8,50 €. *Tours* en el trenecito: 1h 15 minutos, 6,50 € por persona. Mínimo 9 años. Cada fin de semana, a las 11.30, 13.30 y 15h. En vacaciones escolares también cada día. Por motivos de seguridad, hay que llevar pasaporte o identificación y te pueden pedir que no hagas fotos. *www.space-expo.nl*

COMPRAS

Haarlem

La ciudad de Haarlem es un destino ideal para los amantes de las compras. En las calles del centro se concentran una gran cantidad de tiendas especializadas, únicas y con mucho encanto. Los habitantes de Haarlem las llaman las "callejuelas doradas", y se puede encontrar desde una gran tienda dedicada exclusivamente a las manualidades hasta un anticuario, moda alternativa de diseñadores emergentes, cd clásicos, tiendas *vintage*, joyas artesanas, decoración, ropa de segunda mano y tiendas *gourmet* de café y té, quesos o productos *delicatessen*.

Las calles comerciales más grandes son la Grote Houtstraat, la Barteljorisstraat y la Zijlstraat. Pero destacan también las más pequeñas, como la Schagchelstraat, la Kleine Houtstraat, la Anegang, la Warmoesstraat, la Koningstraat y la Gierstraat. En todas ellas el visitante puede disfrutar de muchos comercios únicos y con personalidad.

• **Mercado ecológico Botermarkt**. *2011 HL Haarlem*. Todos los viernes en la plaza Botermarkt se celebra el mercado ecológico y de productos de proximidad. Verduras, pero también quesos, frutos secos, productos típicos.

• **Boekhandel De Vries**. *Gedempte Oudegracht, 27. 2011 GK Haarlem. Tel. +31 23 531 9458*. Una **librería** en el centro de la ciudad con una oferta impresionante. Como casi siempre en Holanda, no solamente hay libros en holandés sino también en inglés, español, francés y otros idiomas. Ocupa cinco antiguos locales comerciales y en su interior se puede ver uno de los trozos más antiguos de la muralla de la ciudad. Para pasear entre las pilas de libros y llevarse alguna publicación sobre la ciudad. *www.devriesboeken.nl*

Alkmaar

• **Kaashuis Tromp**. *Magdalenenstraat,11. 1811 JR Alkmaar*. Destaca entre las múltiples tiendas dedicadas a la venta de **queso**, el producto estrella de la ciudad. *www.kaashuistromp.nl*.

• **Bier winkel**. *Ridderstraat, 14. 11811 EX Alkmaar*. Más de 500 marcas de **cerveza** de todo el mundo. *www.bierwinkelalkmaar.nl*

Marken, Volendam y Monnickendam

En estos tres pueblecitos hay multitud de pequeñas tiendas done se pueden comprar zuecos, tapetes de encaje, cerámica y todo tipo de recuerdos y artesanía relacionados con el pueblo y con las tradiciones marineras.

• **Foto de Boer**. *Haen, 82. Volendam*. Trajes tradicionales, gorros típicos para las mujeres, cerámica…. El visitante se puede hacer una foto vestido a la manera tradicional.

RESTAURANTES

Haarlem

• **Restaurant Jacobus Pieck**. *Varmoerstraat, 18. 2011 HP Haarlem. Tel. +31 23 532 6144*. Muy buena relación calidad-precio. Jardín interior en la parte de atrás, terraza delante que se llena los días de sol. El plato del día para cenar, 12'50€, entre muchos otros. *www.jacobuspieck.nl*

• **Taverne De Waag**. *Damstraat, 29. 2011 HA Haarlem. Tel. +31 23 531 1640.* Local muy pequeño pero con mucho encanto. Restaurante, pero con el ambiente de los cafés antiguos o "bruin kroeg" donde tomar algo y pasar las horas. No hay carta, sino que cada día, a partir de las 17h ofrecen un único plato por 12,95 €: los miércoles filete de ternera, los jueves saté y los viernes, pescado. El resto de la semana, cosas para picar y bebida. Raciones abundantes, con ensalada y patatas fritas. Música en directo cada domingo a partir de las 17h. *https://tavernedewaag.n*l

• **Grand Café Brinkmann**. *Grote Markt, 13. 2011 RC Haarlem. Tel. +31 23 532 3111*. Cerveza, picoteo, platos principales, pero también chocolate caliente, galletas o lo que apetezca, en pleno corazón de la ciudad. Gran sala al estilo "gran café", ambiente muy acogedor. … Precios variados. Por ejemplo, a partir de las 17h, menú de 2 platos más un plato de guarnición por 29,50 €. *www.grandcafebrinkmann.nl*

• **Restaurante ML**. *Klokhuisplein, 9. 2011 HK Haarlem. Tel. +31 23 512 3910.* Restaurante con 1 estrella Michelin, en el hotel ML. De martes a sábado, a partir de las 18h. Menú del chef, desde 67,50 € (5 platos) a 87,50 € (7 platos). Edificio neorrenacentista. Cocina que combina clásico y moderno. *www.mlinhaarlem.nl*

• **Jopen Kerk**. *Gedempte Voldersgracht, 2. 2011 WD Haarlem. Tel. +31 23 533 4114*. Antigua iglesia en el centro de la ciudad reconvertida en una destilería de cerveza. Ambiente muy agradable, perfecto para probar la cerveza local, la Jopen, con una graduación de 8'5 grados. *www.jopenkerk.nl*

Volendam

En esta zona hay que probar la anguila ahumada, una *delicatessen*. También el arenque que venden en los puestos callejeros y que comen al estilo antiguo: cogiéndolos por la cola y mordiéndolos directamente.

• **Restaurante Van den Hogen**. *Haven 106, 1131 EV Volendam. Tel. +31 29 936 3775*. Pescado, anguila, camareras con el traje típico… Anguila ahumada, 17€, platos principales de pescado entre 30 y 40€. También tiene hotel. *www.hogen.nl*

Enkuizen

• **Van Bleiswijk**. *Westerstraat, 84- 1601 AL Enkhuizen. Tel. +31 22 832 5909.* Horario: todos los días de 10 a 12 de la noche. Viernes y sábados hasta la 1 de la noche. Brasería con buenos platos de carne y pescado. Platos principales entre 12 y 20€. *www.vanbleiswijk.nl*

Parque de Dunas

• **Panneland**. En la entrada del parque de Amsterdamse Waterleidingduinen de Panneland, en Vogelenzang, vale la pena tomarse un chocolate caliente en el café del mismo nombre, que recrea el mundo de las brujas del lugar. Coquetón café con guitarras en las paredes, *panekoeken* (creps) y ambiente encantado y mágico, sobre todo en invierno. *http://t-panneland.nl*

ALOJAMIENTOS

Haarlem

• **Hotel ML**. *Klokhuisplein, 9. 2011 HK Haarlem. Tel. +31 23 512 3910*. Precio: desde unos 130€. 17 habitaciones en un edificio histórico que había sido una antigua imprenta y fundición. Ambiente agradable y acogedor. Su restaurante tiene una estrella Michelin. *www.mlinhaarlem.nl*

• **Hotel Niu Dairy**. *Zijlsingel 1a, 2013 DN Haarlem. Tel. +31 23 206 2230*. Precio: desde unos 90€ habitación doble. Hotel nuevo, habitaciones modernas y cómodas, céntrico, y buena relación calidad-precio. Desayuno muy completo. El edificio es moderno pero había sido antes una lechería: como recuerdo, está decorado con muchos elementos relacionados, como lámparas hechas con botellas de leche. *www.niu.de/niu-dairy*

• **Stayokay**. *Jan Gijzenpad 3. 2024 CL Haarlem. Tel. +31 23 537 3793*. Albergue con habitaciones de 2 a 8 personas, a 3 km de la estación central. Alquilan bicicletas, con las que se llega en 15 minutos al centro de la ciudad. Precio: desde 38€ en habitación de 8 personas, desayuno incluído. *www.stayokay.com*

Alkmaar

• **Hotel Stad en Land**. *Stationsweg 92-94, 1815 CE Alkmaar. Tel. +31 72 512 3911*. Precio: desde 90€ habitación doble. Enfrente de las estaciones de tren y autobús, pero muy tranquilo. Edificio antiguo con mucho encanto, con habitaciones modernas y cómodas. Buena relación calidad-precio. *www.stadenlandhotelalkmaar.nl*

Un búnker en los pólders

• **Fort Resort Beemster**. *Nekkerweg 24, 1461 LC Zuidoostbeemster. Tel. +31 29 968 2200*. Precio: desde unos 140€ habitación doble. En una antigua fortaleza búnker de 1913 reformada, a 4 km del pueblo de Purmerend y 13 de Volendam, han habilitado un lujoso hotel con todas las comodidades. 16 habitaciones con diseño moderno y techos abovedados, por la estructura del búnker. Acceso al antiguo foso. Spa y restaurante con productos ecológicos. *www.fortresortbeemster.nl*

DE RÓTERDAM Y LA HAYA A ZEELAND

EL PODER DEL AGUA

Las grandes ciudades de La Haya y Róterdam, junto con la pequeña Delft, forman una línea que atrae a millones de turistas cada año. Este conjunto, que ofrece tradición y modernidad a partes iguales, puede considerarse una buena esencia de la realidad holandesa.

Siguiendo una ruta por la costa que transcurre desde este triángulo hacia el sur, en la frontera con Bélgica, el viajero puede imaginarse que está en uno de los veleros que cubrían la ruta de las Indias orientales, o a bordo de uno de los barcos de carga con toneladas de productos que diariamente recorren los canales y muelles desde (o hasta) el puerto de Róterdam al mundo entero.

RÓTERDAM

Róterdam, surcada por grandes ríos

La *ciudad de Róterdam* es una de las ciudades más modernas y con más actividad económica de toda Holanda. Es el mayor puerto de Europa y uno de los más grandes del mundo. Se extiende casi 40 km desde el delta en el mar del Norte hacia el interior. Su situación, sobre un entramado de afluentes de dos grandes ríos que atraviesan Europa, el Rhin y el Maas, (Mosa), propició su crecimiento económico.

En la Segunda Guerra Mundial el centro de la ciudad y el puerto fueron destruidos por las bombas alemanas. Solo queda una pequeña parte en pie, en el barrio de Delfshaven. En los años de la postguerra empezó a levantarse el conjunto de rascacielos, diseños vanguardistas y aire de modernidad que respira la ciudad. Róterdam es la segunda ciudad holandesa en tamaño, con algo más de 600.000 habitantes, y cuenta con arquitectura moderna, instalaciones, transporte y equipamientos de ocio para todos los gustos. Es uno de los centros económicos y logísticos más importantes de Europa. Hay una red de metro, que puede consultarse en la web *www.ret.nl*, que incluye todo el transporte público de la ciudad.

ARQUITECTURA MODERNA

La ciudad está llena de ejemplos de arquitectura moderna, espectacular y de vanguardia, que se puede admirar mientras se pasea. Uno de los ejemplos es el *Market Hall*, un mercado con zona de restaurantes y ocio construido en forma de hangar de aviones gigantes. El mercado se sitúa en el interior del galpón, y por encima hay un conjunto de apartamentos cuyas ventanas y, a veces, paredes, se abren al mercado. Se abrió en octubre de 2014 y en pocos meses ya se había convertido en un icono de la ciudad.

Las *casas cubo* diseñadas en 1984 por el arquitecto Piet Blom son ya un clásico en la ciudad. El arquitecto ideó casas en forma de cubo, que luego inclinó 45 grados, y las levantó sobre un pilón hexagonal, simbolizando un bosque formado por los árboles, que son el conjunto de las 40 casas. Una de ellas está abierta al público para ver esta curiosidad por dentro.

Con los rascacielos al fondo, flotando en el río Mosa, en verano de 2018 se inauguró en esta ciudad la primera *granja flotante* del mundo. Ante la falta de terreno y la contaminación del suelo, esta innovadora granja es autosuficiente y sostenible. Recoge y filtra el agua de lluvia para el riego y para los animales, 40 vacas que producen 800 litros de leche al día. Vendrá también una granja avícola y un invernadero.

El *Erasmus* es un puente suspendido de 802 metros de largo, y es el más alto de Holanda, con 139 metros en su punto más elevado. Cruza el río Maas y tiene carriles para coches, tranvía, bicicletas y peatones. Desde el muelle de Wilhelmina Pier es donde mejor se ve para poder fotografiarlo.

Junto al puente de Erasmus, un enorme triple rascacielos proyectado por Rem Koolhaus es una de las más recientes incorporaciones a la arquitectura de la ciudad. Norman Foster, Alvaro Siza o Renzo Piano son algunos de los que firman otros edificios icónicos a lo largo de la línea del puerto.

La *Torre Euromast* es también uno de los iconos de la ciudad. Con 185 metros de altura, arriba hay un mirador donde si hay buen tiempo se puede llegar a ver hasta la ciudad vecina belga de Amberes. Hay un hotel y un restaurante con oferta muy variada. Para los amantes de las emociones fuertes, pueden subir con cuerdas y luego lanzarse en una tirolina desde 100 metros de altura. En 15 segundos estás en tierra firme.

Market Hall. *Ds. Jan Scharpstraat 298. 3011GZ Róterdam.* Los puestos del mercado abren de 10 a 20h. Viernes de 10 a 21h. Domingos de 12 a 18h. *https://markthal-en.klepierre.nl*

Casas Kubus. *Overblaak 70. 3011 MH Róterdam. Tel. +31 10 414 2285.* Horario: todos los días de 10 a 18h. Precio: adultos 3€, niños hasta 12 años 1.50.€. *www.kubuswoning.nl*

Granja flotante. *Gustoweg, 10. 3029 AS Róterdam.* Se puede visitar en algunos días específicos, y para público especializado interesado. *https://floatingfarm.nl*

Torre Euromast. *Parkhaven 20. 3016 GM Róterdam. Tel. +31 10 436 4811.* Horario: todos los días de 10 a 23h (plataforma panorámica hasta las 22h). Precio: 10,25 € adultos. 6,75 € de 4 a 12 años. Gratis menores de 4 años. Salto en tirolina: 57,50€. Todos los fines de semana de mayo a septiembre. *https://euromast.nl*

EL PUERTO

Róterdam alberga uno de los principales puertos de Europa

El puerto es uno de los principales focos en la visita a Róterdam. Allí trabajan 180.000 personas, hay más de 400 compañías de navegación de 90 países diferentes, 39 km de dársenas dedicadas a diferentes productos, como minerales, cereales o crudo. La espectacularidad de las maniobras de un centro de tal magnitud ya es una atracción en sí misma.

Hay rutas en barco para llegar hasta el Europoort, al final del puerto, casi 40 km más allá del centro de la ciudad. Desde los diferentes barcos que ofrecen *tours* se pueden admirar los muelles y astilleros, conocer cómo se mueven los miles de contenedores, y ver el histórico barco de vapor *Rotterdam*, antiguo crucero de la compañía naviera Holland America Line. Además se puede ver la moderna silueta de Róterdam desde el agua.

Ruta en barco por el puerto Spido. Lugar de salida, a los pies del puente Erasmus. Willemsplein, 85. 3016 DR Róterdam. *Tour* de 75 minutos, con audioguía también en español. Se recorre todo el puerto, hasta el final. Desde 13,95€ por persona. www.spido.nl

Hay zonas con antiguos muelles y hangares que se han reconvertido en galerías de arte o talleres alternativos. Asimismo, se han llevado muchas acciones de microarquitectura para renovar zonas degradadas alrededor del puerto antiguo y de la estación de trenes, como la pasarela elevada Luchtsingel, que une el centro con la estación de Hofplein.

WATERBUS

Es el transporte público más utilizado de Róterdam: cada año cuenta con 2 millones de pasajeros. Un total de 14 barcos de diferentes tamaños que transportan rápidamente de un lado a otro a lo largo de los ríos, con un total de 21 paradas. Diversas líneas y muy frecuentes a lo largo del día. Por ejemplo, la línea 18 es la que lleva a más lugares céntricos y turísticos de la ciudad: un tique ida y vuelta por el puerto, 5€. También se puede comprar un pase para todo el día por 11,70€. Una de las paradas más importantes está a los pies del puente Erasmus. *www.waterbus.nl*

MUSEO BOIJMANS VAN BEUNINGEN

Sala del museo Boijmans van Beuningen

El museo Boijmans van Beuningen es uno de los más importantes de Holanda. Aloja obra de grandes maestros como Rembrandt, Van Gogh, Rubens, Magritte, Dalí, El Bosco o Brueghel. Destaca su sección de artes aplicadas, sobre todo con cerámicas de todo el mundo, con azulejos y mayólicas de Persia y Turquía de los siglos XIII al XIX, pero también de Delft y de España.

Museo Boijmans van Beuningen. *Museumpark 18-20 3015 CX Róterdam. Tel. +31 10 441 9400*. Horario: De martes a domingos de las 11 h a 17 h. Lunes cerrado. Precios: adultos 12,50€. Gratis menores de 18 años. *www.boijmans.nl*

IGLESIA DE SAN LORENZO

La iglesia de San Lorenzo, por su parte, es casi lo único que queda de la Edad Media en Róterdam. Fue uno de los pocos edificios que sobrevivieron a los bombardeos de la Segunda Guerra Mundial, aunque tuvo que ser restaurado después a causa de los daños. Actualmente, además de servicios religiosos, acoge exposiciones y actividades culturales. Delante de la iglesia se alza la estatua dedicada a Erasmus, el ilustre ciudadano de Róterdam. A los bombardeos también sobrevivió el ayuntamiento, construido a principios del siglo XX.

Sint Laurenskerk. *Grotekerkplein 27, 3011 GC Róterdam*. Horario: Cierra los lunes y los domingos abre solo para servicios religiosos. De martes a sábado, de 11 h a 17h. Precio: 2 € iglesia. 5€ iglesia + exposiciones. Gratis menores de 12 años. *https://laurenskerkrotterdam.nl*

Kinderdijk

Molinos antiguos de Kinderdijk

Al lado de la moderna Róterdam hay uno de los lugares más antiguos y con más encanto de Holanda: el conjunto de molinos de Kinderdijk.

El drenaje del pólder de Kinderdijk se realizó gracias a una línea de 19 molinos construídos en el siglo XVIII y que han sido declarados Patrimonio de la Humanidad por la UNESCO. Su belleza y majestuosidad destacan en medio del paisaje y además, como están situados en ambas orillas, ofrecen una panorámica muy bonita.

Es la concentración más grande de molinos antiguos de toda Holanda. Algunos de ellos se pueden visitar por dentro, y todos siguen todavía en activo. Se encuentra a unos 15 km de Róterdam. Se puede llegar por carretera pero también por agua: el paseo en barco del Waterbus, que sale tanto desde el centro de Róterdam como desde el casco antiguo de Dordrecht, permite una buena vista del lugar.

Kinderdijk. *Nederwaard,1. 2961 AS Kinderdijk. Tel. +31 78 691 2830*. Horario: de marzo a octubre de 9 a 17.30. Resto del año, de 10 a 16h. Precio: 8€. Incluye entrada a dos molinos, audioguía y visita al centro de visitantes, en la antigua estación de bombeo, con material audiovisual que explica el conjunto. Hay también guías voluntarios que explican con detalle el oficio. El camino entre los molinos, a pie y en bici, está siempre abierto al público, gratis. *www.kinderdijk.com*

Waterbus. *Merwekade 56. Dordrecht. Tel. 0800 023 2545*. Todos los días de 9.30 a 17h. Línea 202, de Róterdam o Dordrecht hasta Kinderdijk. 30 minutos de ruta. Precio: 7,60€ *on line*, 8€ pagando a bordo (solo en efectivo). Se puede subir la bicicleta a bordo gratis. *www.waterbus.nl*

LA HAYA

La ciudad de *La Haya* (Den Haag, también llamada 's Gravenhage) es la capital administrativa de Holanda, en competición constante con Ámsterdam, considerada la capital social y cultural. En La Haya se encuentra el Parlamento de Holanda, las embajadas, el Tribunal Internacional de Justicia, la residencia oficial de la familia real… En resumen, es la sede de las instituciones políticas del Estado pero también es una ciudad donde recorrer museos sin prisas y deleitarse con jardines delicados y amplias avenidas.

La Haya, quizá por eso mismo, tiene un carácter algo más sofisticado que el resto de Holanda, incluso los chiringuitos de la playa urbana tienen más de "beach club" donde exhibir el último modelo durante el crepúsculo que de lugar donde tomarse una cerveza tomando el sol. Los habitantes de Ámsterdam, cuando hacen chistes sobre los habitantes de La Haya, los llaman “pijos”, mientras que los de La Haya consideran a los de Ámsterdam unos bohemios que siempre visten un poco “desaliñados”.

BINNENHOF

Antiguo parlamento de La Haya

En el centro, cerca de la estación central de trenes, están la mayoría de edificios importantes. El Binnenhof es el antiguo parlamento, un conjunto gótico de los siglos XVII y XVIII, que sigue usándose para las reuniones de las dos cámaras gubernamentales. El Ridderzaal (sala de los caballeros) es uno de los edificios destacados del conjunto. Fue contruido en los siglos XIII y XIV como castillo para los condes de Holanda. Todo el conjunto es un precioso ejemplo de arquitectura gótica civil en el que se realizan visitas guiadas si no coinciden con alguna reunión política.

Al lado del Binnenhof se encuentra la Buitenhof, antiguamente el patio exterior del parlamento y actualmente la plaza que es el centro neurálgico de la ciudad.

PALACIO DE LA PAZ

Sede del Tribunal Internacional de Justicia

El Vredespaleis (Palacio de la Paz) es de principios del siglo XX y desde 1945 acoge el Tribunal Internacional de Justicia de La Haya. El palacio se construyó gracias a la colaboración internacional de muchos países y solo puede visitarse un par de veces al año, a grupos de 20 personas como máximo, y hay que reservar con antelación. Pero sí se puede ver el centro de visitantes que hay junto al palacio, abierto todos los días excepto los lunes, con una exposición y material audiovisual.

La gran plaza que tienen casi todas las ciudades holandesas, la Grote Markt, se convirtió en una gran zona peatonal con muchos equipamientos culturales, la Grote Markt Straat y la plaza Culturplein. Al sur de la plaza nace la calle Paviljoensgracht, destacable porque en el número 74 está la casa donde falleció el fiósofo Spinoza y, enfrente, está la Heilige Geesthofje, casa de beguinas del año 1616.

Binnenhof. Visitas guiadas diarias, con una breve introducción a la historia del edificio y visita a la Ridderzaal. A veces la visita incluye las dos cámaras del gobierno. Precio: entre 5.50€ y 11€, dependiendo de lo que se pueda visitar ese día. *https://prodemos.nl*

Palacio de la Paz. *Carnegieplein 2. La Haya*. Centro de visitantes: visita y *audiotour* gratis. Horario: de martes a domingo, de abril a noviembre de 10 a 17h, de diciembre a marzo, de 11 a 16h. En agosto también abren los lunes. *www.vredespaleis.nl*

CENTRO CULTURAL

El *museo Mauritshuis* es una de las pinacotecas más importantes del país. Alberga obras maestras de los pintores holandeses de la Edad de Oro, entre los siglos XVII y XVIII, entre ellas la famosa "La joven de la perla" de Vermeer y "La lección de anatomía" de Rembrandt. Rubens, Frans Hals o Jan Steen son otros de los nombres de esta rica colección.

El antiguo palacio de la Reina Madre, construido a mediados del siglo XVIII, alberga ahora el *museo Escher*, dedicado a la obra gráfica de este artista y sus perspectivas curiosas. Se encuentra en el paseo Lange Voorhout, con tilos centenarios flanqueados de palacetes.

Otros muchos museos completan la oferta cultural de la ciudad, como el dedicado al arte contemporáneo, el de la comunicación o el de la escritura. El *Panorama Mesdag* es otro lugar destacable. Se trata de un lienzo circular de 14 metros de altura y 114 metros de longitud que pintó el artista Mesdag en 1880 para ofrecer una inmensa vista panorámica de Scheveningen y su playa.

Museo Mauritshuis. *Plein 29. 2511 CS La Haya. Tel. +31 70 302 3456*. Horario: De 10 a 18h. Lunes de 13 a 18h. Jueves de 10 a 20h. Precio: Adultos 15,50€. Menores de 18 gratis. *www.mauritshuis.nl*

Museo Escher. *Lange Voorhout 74. 2514 EH La Haya. Tel. +31 70 427 7730*. Horario. De 11 a 17h. Precio adultos 10 €, de 7 a 18 años 6.50€, menores de 7 años gratis. También hay tiques combinados con el Panorama Mesdag y con Madurodam. *www.escherinhetpaleis.nl*

Panorama Mesdag. *Zeestraat 65. 2518 AA La Haya. Tel. +31 70 310 6665*. De 11 a 17h, domingos y festivos de 10 a 17h. Precio: Adultos 10,50 €, de 12 a 18 años, 9 €, de 4 a 12 años 5,5€. Menores de 4 gratis. *www.panorama-mesdag.nl*

SCHEVENINGEN

Muelle histórico en la playa de La Haya

Scheveningen es la playa de La Haya. Es un arenal largo que se desarrolló urbanísticamente alrededor del balneario Kurhaus, donde el encanto principal es la línea de costa repleta de restaurantes, casinos, tiendas y pequeños chalés. Un muelle histórico que entra unos 400 metros mar adentro, remodelado en 2015, completa el conjunto, que combina el ambiente decadente del veraneo en balnearios de la costa en los felices años 1920 con el *networking* moderno de la sociedad digital.

MADURODAM

Al este de Scheveningen se encuentra Madurodam, un parque de Holanda en miniatura, con los monumentos más importantes del país, representados a escala, reducidos 25 veces. Con iluminación, trenecitos que se mueven, bandas que marchan tocando música delante de una iglesia, molinos que giran, aviones que quieren despegar, hasta un pequeño incendio en un carguero en el puerto… Interesante y también con talleres interactivos para entender, por ejemplo, cómo funcionan las esclusas de un puerto…

Cerca hay un museo muy interesante, el *museo Corpus*, dedicado al cuerpo humano. El visitante va caminando por el interior del cuerpo para comprender como funciona. Muy interactivo.

Madurodam. *George Maduroplein 1. 2584 RZ La Haya. Tel. +31 70 416 2400.* Horario: todos los días de 9 a 19h. Precio: 17.50€ (descuentos variados si se compra por la web). *www.madurodam.nl*

Museo Corpus. *Willem Einthovenstraat, 1. 2342 BH Oegstgeest. Tel. +31 71 751 0200.* Horario: de martes a domingo, el primer *tour* por el cuerpo humano empieza a las 9.30 h. El último, a las 15h. entre semana y a las 17h. los fines de semana. Al reservar la entrada, se confirma un horario. El *tour*, con audioguía (también en español), dura unas dos horas. Precio: Adultos 18,75€, de 6 a 14 años 16,25 €. Los menores de 6 años no son admitidos. Descuentos por internet. *www.corpusexperience.nl*

Delft

Delf conserva su antiguo trazado medieval

Delft es una de las ciudades más antiguas de Holanda. Conserva el trazado de la antigua ciudad medieval: la gran plaza acoge los grandes edificios del poder civil y religiosos, y alrededor discurren los canales con los edificios de los notables de la ciudad y los antiguos mercados.

Situada entre La Haya y Róterdam, es casi una extensión de ambos lugares. Es una alegre ciudad universitaria con mucha animación, y que atrae a turistas principalmente a través de dos palabras: la famosa porcelana de Delft Blue, y el artista Vermeer.

La famosa cerámica azul de Delft, que en holandés se llama Delfts Blauw, se elabora en la ciudad desde el siglo XVI. Hasta el siglo XIX era muy popular entre las familias acaudaladas, que las coleccionaban. Se elaboraba con un caolín que se recubría con un vidriado de plomo tras pasar por el horno, y llegó a haber 33 fábricas en la ciudad. De todas ellas, la única que queda hoy en día es *Royal Delft*, que sigue usando los métodos tradicionales.

La fábrica histórica, con la enseña de la Casa Real, ofrece visitas guiadas donde se puede aprender sobre la historia y el proceso de fabricación, y se puede ver como todavía se pintan a mano. También en la fábrica *De Delfste Pauw*, en las afueras de la ciudad, ofrecen visitas guiadas, gratuitas, y numerosos talleres donde el visitante puede pintar a mano una baldosa o un plato (aunque se tiene que recoger 7 días más tarde, tras su paso por el horno). Hay exposición y tienda de cerámica a precios de fábrica.

Koninklijke Porceleyne Fles. *Rotterdamseweg 196. 2628 AR Delft. Tel. +31 15 760 0800*. Horario: de lunes a sábado de 9 a 17h. Domingos de 12 a 17h. Precio: adultos 14 €, de 13 a 18 años, 8,75€, menores de 12 años gratis. *www.royaldelft.com*

De Delfste Pauw. *Delftweg 133, 2289 BD Rijswijk. Tel. +31 15 212 4920*. Horario: De 9 a 16.30h. Gratis. *www.delftsepauw.com*

VERMEER CENTRUM

Los amantes de Vermeer, por su parte, cuentan con el centro cultural con su nombre, en un edificio histórico de un gremio medieval. Aquí se encuentran copias a tamaño real y con muy alta calidad de todas las obras de Vermeer, que se pueden estudiar en detalle con material multimedia, y una exposición sobre el artista y la época en que vivió. Vermeer vivió toda su vida, de 1632 a 1675, en Delft, y su cuidada técnica le ganó el sobrenombre de “maestro de la luz”.

Vermeer Centrum. *Voldersgracht 21. 2611 EV Delft. Tel. +31 15 213 8588*. Horario: todos los días de 10 a 17h. Precio: adultos 9€, de 12 a 17 aos 5€, menores de 12 gratis. *www.vermeerdelft.nl*

ZEELAND Y EL PLAN DELTA

Zeeland está ocupado por una amplia zona de delta

Desde la línea formada por Róterdam, La Haya y Delft, el viajero puede continuar toda la ruta hacia el sur, circulando por encima del mar en los diversos diques que se encuentra. Y así, a través de diversas rutas marcadas por la trayectoria secular del agua y por la ingeniería moderna puede llegar hasta la provincia de *Zeeland* (Zelanda), donde el agua y el equilibrio de poderes entre el mar y los ríos son los protagonistas.

El territorio de la región de Zeeland está ocupado por el amplio delta en que confluyen las desembocaduras de los ríos Escalda, Mass y Rin. No es en vano que Zeeland quiere decir, literalmente, “tierra de mar”. Está formado por diversas islas que fueron unidas por diques a través del monumental Plan Delta, uno de los planes de ingeniería más ambiciosos de Holanda y, quizá, del mundo. El descomunal proyecto de ingeniería hidráulica se llevó a cabo tras las grandes inundaciones de 1953, en las que el mar provocó 1.835 muertos y sepultó más de 150 localidades.

A través del Plan Delta, se unieron las diversas islas de Zeeland con un sistema de grandes diques que cruzaban el estuario del río Escalda, cegando brazos de mar en el suroeste. Se construyó un gran rompeolas en la desembocadura del Oosterschelde. Y se formó así también una inmensa reserva de agua dulce.

El estuario del Escalda oriental no se cerró totalmente, sino que se construyó un dique sobre pilones de esclusas móviles que permite el flujo de las mareas para preservar el ambiente natural y la pesca de ostras, mejillones y langostas, actividad económica muy importante a nivel local. Mediante este sistema de esclusas, este gran dique de 8 km, el Oosterscheldekering, se puede cerrar totalmente en 75 minutos, con lo que se evitaría otra gran inundación. Las naves de gran tonelaje utilizan el estuario occidental para llegar al puerto belga de Amberes.

En la carretera N57, en dirección norte desde Middelburg, se puede ver de primera mano la magnitud del proyecto: La exposición permanente del Plan Delta forma parte del *Deltapark Neeltje Jans*, que es un parque con diversas atracciones, acuario, leones marinos, un esqueleto de ballena de 22 metros… Con numeroso contenido multimedia dedicado al mar y a los fenómenos relacionados con las mareas, la exposición permite conocer cómo se construyó este descomunal proyecto, con maquetas, reproducciones, planos y todo tipo de información, y también se pueden visitar las colosales instalaciones de los diques.

Deltaparc Neeltje Jans. *Eiland Neeltje Jans, Faelweg, 5. 4354 RB Vrouwenpolder. Tel. +31 11 165 5655*. Horario: de abril a final de octubre, de 10 a 17h. Resto del año, abierto fines de semana y festivos. Precio: adultos 23€, niños de 4 a 11 años, 17.50€. *www.neeltjejans.nl*

PUEBLOS MARINEROS

Middelburg, la capital regional

Las islas que forman la región de Zeeland son un conjunto de localidades pintorescas, playeras y con mucha oferta turística sobre todo en verano. Todavía se puede encontrar alguna anciana vestida a la manera tradicional, pero es más habitual ver niños trotando hacia la playa con grandes palas, grupos sentados alrededor de ollas repletas de mejillones – y, al lado, un plato de patatas fritas-, y bandas de música tocando a la orilla del mar.

Middelburg, la capital de la región, es una ciudad elegante, que no tiene nada que envidiar a sus vecinas de Bélgica. Está rodeada de canales, que siguen el antiguo trazado de las murallas. Del siglo XV al XVII tuvo su máximo esplendor gracias al intercambio comercial que le permitía su situación geográfica, y por ello está repleta de edificios monumentales del gótico y el renacimiento. Desde aquí operaba la Compañía de las Indias Orientales.

Tradicionalmente, esta ciudad ha tenido una competencia amistosa con *Vlissingen*, localidad marinera a 7 km, con mucho encanto y un frente marítimo repleto de animación en verano. Su puerto tenía una importancia estratégica, tanto para el comercio hacia las Indias Orientales como para la defensa del país. Sus playas son muy anchas, ya que la extensión de arena va cambiando conforme sube o baja la marea, y muchas cuentan aún con las típicas casetas de madera para cambiarse o guardar los trastos de playa. Es espectacular ver desde la playa el paso de los grandes barcos cargueros de camino al puerto de Amberes.

Desde Vlissigen sale un túnel que cruza por debajo el brazo de mar hasta la localidad de Breskens y de allí a la frontera belga, a solo 14 km de Brujas, por ejemplo. *Goes* y *Zieriksee* son otras de las ciudades con encanto especial en esta zona.

COMPRAS

Róterdam

Las calles comerciales más populares son Lijnbaan, Koopgoot Hoogstraat y Meent, y para opciones más exclusivas, la zona de Van Oldenbarneveltstraat. Destacan la cantidad de tiendas de **moda alternativa** de diseñadores emergentes o ya afianzados en el sector, como Daisy Kroon (Pijnackerstraat 1), Joline Jolink (Nieuwe Binnenweg,82) o Margreeth Olsthoorn (Schiedamsedijk, 51), entre otros.

• **Groos**. *Achterklooster,13. 3011 RA Róterdam. Tel. +31 10 413 3344.* Tienda con multitud de piezas de **diseño**, firmado por diversos artistas de Róterdam. Es el buque insignia del diseño holandés contemporáneo. *www.facebook.com*

La Haya

• **Haagsche Passage**. *Passage, 2595 AK Den Haag. Entre Spuistraat, Hofweg y Buitenhof.* Horario: lunes de 12 a 18h. De martes a sábado de 10 a 18h. Domingos de 12 a 17h. La galería comercial Haagsche Passage es el centro comercial cubierto más antiguo de Holanda, con una preciosa arquitectura construida entre 1882 y 1885 para imitar el estilo "chic" de comprar a lo parisino. Tiene establecimientos de todo tipo, desde tiendas de moda a librerías o joyerías. *www.depassage.nl*

• **Mercado de Arte y Antigüedades**. *Korte Voorhout.* Desde mediados de mayo hasta mediados de septiembre, los jueves y domingos. Mercado de antigüedades, objetos curiosos, libros o grabados antiguos. De 10 a 18h.

Delft

• **Fábrica de cerámica Delfste Pauw**. *Delftweg 133, 2289 BD Rijswijk. Tel. +31 15 212 4920.* Horario: De 9 a 16.30h. Hay exposición y tienda de cerámica a precios de fábrica. *www.delftsepauw.com*

• **Mercado de antigüedades y ocasiones**. *Calles Hippolytusbuurt, Wijnhaven y Voldersgracht.* De abril a octubre, abierto jueves y sábados (cuando incluye un mercadillo de libros). Antiguedades, baratijas, cerámica antigua...

RESTAURANTES

Róterdam

• **Markthal**. *Ds. Jan Scharpstraat 298. 3011GZ Róterdam.* Además de los puestos del mercado, hay numerosos restaurantes y lugares de degustación artesanales. Destaca el restaurante Jamie's Italian, de Jamie Oliver. Tel. +31 10 313 2479. Horario: de 12 a 22h. Viernes y sábado hasta las 22.30h. Platos sueltos y también menú de 2 platos por 15€. *www.jamieoliver.com*. Mercado: *https://markthal-en.klepierre.nl*

• **Euromast Brasserie**. *Parkhaven 20. 3016 GM Róterdam. Tel. +31 10 436 4811*. Horario: todos los días de 10 a 23h. Comer o cenar con vistas espectaculares, desde lo alto de la torre. A mediodía, desde sopas por 8€ a platos principales por 25€. También se sirven *brunch* y un *high tea* muy elegante. *https://euromast.nl*

• **Jong**. *Raampoortstraat 38. 3032 AH Róterdam. Tel. +31 10 465 7955*. Horario: de miércoles a domingo, de 18 a 23h. Uno de los restaurantes más creativos del momento, con mucha importancia en los productos frescos y las verduras. Sirven un menú donde se puede escoger la cantidad de platos que se quieren: 4 platos, 47€; 5 platos, 55€; 6 platos, con tabla de quesos, 62€. *https://restaurantdejong.nl*

• **Food hallen**. *Wilhelminakade 52-58, 3072 AR Róterdam*. Toda una nave con múltiples paradas para comer recetas de muchos países diferentes. Abierto de 12 a 23h. Viernes y sábados de 12 a 1h. . *http://foodhallen.nl*

La Haya

• **Restaurant Instock**. *Buitenhof 36, La Haya. Tel +31 70 412 6192*. Horario: todos los días de 8.30 a 23h. Restaurante con la filosofía de "rescatar la comida": utilizan en gran parte alimentos que han de retirarse de la venta: verduras o frutas "feas", los excedentes de carne y pescado, pan del día anterior, productos con caducidad cercana. Trabajan en colaboración con la cadena de supermercados Albert Heijn y otros productores, y ofrecen menús muy variados y a precios muy buenos. Platos de inspiración caribeña, ya que la mujer del chef es de Aruba y de allí también importaron la filosofía de "aquí no se tira nada". Tiene también restaurantes en Ámsterdam y en Utrecht. Entre 8 y 30€. *www.instock.nl*

• **Leuk**. *Kettingstraat 29, 2511 AM, La Haya. Tel. +31 70 363 7859*. Restaurante céntrico y acogedor, con comida sencilla y sabrosa. Platos principales muy completos, acompañados de patatas y ensalada, entre 12 y 16€. A mediodía, la oferta habitual de bocadillos, huevos, ensaladas y sopas. *www.leuketenendrinken.nl*

• **Simonis**. *Strandweg 77, 2586 JL La Haya*. En la playa de Scheveningen, buen pescado y marisco, que se puede tomar como plato principal o como picoteo. Si se va a cenar, va incluida la puesta de sol sobre la playa. Platos principales de pescado desde 14€, a mediodía bocadillos con anguila ahumada o salmón por 8€. *www.simonisvis.nl*

Delft

• **De visbanken**. *Camaretten, 2- 2611 HL Delft*. En este pequeño sitio venden pescado desde el siglo XIV. Es una tienda de pescado donde también se pueden degustar *delicatessen*, como el arenque (haring), la anguila ahumada (paling), y el pescado frito. Desde 3€. *www.visbanken.nl*

• **Stads-Koffyhuis**. *Oude Delft 133. 2611 BE Delft. Tel. +31 15 212 4625*. La especialidad de la casa son los *panekoeken* (un tipo de crep), pero también hay hamburguesas, sopas, ensaladas… Ambiente muy acogedor. Sobre los 10€. *www.stads-koffyhuis.nl*

Zeeland

• **Beach Club Perrys**. *Strand Brouwersdam,1. 4322 Scharendijke*. Ostras, mejillones, gambas, o una rica cerveza, o un bufé de desayunos los domingos, con vistas preciosas sobre el mar y la playa. *www.beachclubperrys.nl*

• **De Gespleten Arent**. *Vlasmarkt, 25. 4331 PC Middelburg. Tel+ 31 11 863 6122.* Junto a la plaza del mercado. Cocina tradicional holandesa. Ideal para probar pescados y preparaciones típicas de la zona, como las huevas de pescado o los mejillones. Tiene también menús con 3, 4 o 5 platos para degustar, a partir de 37,50€. *www.degespletenarent.nl*

ALOJAMIENTOS

Róterdam

• **Hotel New York**. *Koninginnenhoofd 1, 3072 AD Róterdam. Tel. +31 10 439 0500.* El hotel New York se encuentra en la que fue terminal de la naviera Holanda-América, que cubría la ruta que hicieron miles de emigrantes hacia Estados Unidos desde fines del siglo XIX. Restaurante con decoración impresionante y música en directo muchos domingos a mediodía. Precio: desde 180€. Las *suites* más caras, unos 400€, están situadas en los antiguos despachos de dirección, con vistas espectaculares al río. *https://hotelnewyork.nl*

• **Hotel H2otel**. *Wijnhaven 20a. 3011 WR Róterdam. Tel. +31 10 444 5690.* Como su nombre indica (H2O), es un hotel flotante pero con todas las comodidades de tierra firme. En una barcaza amarrada en una zona muy céntrica. Muy buen ambiente. Precio: desde 72 €. *www.h2otel.nl*

• **Stayokay**. *Overblaak 85-87, 3011 MH Róterdam. Tel. +31 10 436 5763.* Hostal en una de las icónicas casas cubo, para experimentar cómo es vivir en un sitio tan especial. Desde unos 34€ en habitación de 4 personas, desayuno incluído. *www.stayokay.com*

La Haya

• **Hotel Kurhaus**. *Gevers Deynootplein 30. 2586CK La Haya. Tel. +31 70 416 2636.* El hotel Kurhaus de Scheveningen es sin duda una experiencia. Hotel de 5 estrellas funcionando desde 1885. Desde 2014 se llama Hotel Amrath Kurhaus. Lujo, elegancia, *spa*, edificio histórico, a pie de una larga y elegante playa. Precio: desde 200 € con vistas al mar hasta 1.000 € la mejor *suite*. *www.amrathkurhaus.com*

• **Corona hotel**. *Buitenhof, 39-42. 2513 AH La Haya Tel. +31 70 363 7930.* En pleno centro, hotel situado en tres edificios del siglo XVII. Habitaciones modernas y cómodas. Precio: desde unos 130 € habitación doble. *https://corona.nl*

• **Staten hotel**. *Frederik Heindriklaan, 299. 2582 CE la Haya. Tel. +31 70 354 3943.* Hotel sencillo y familiar, con 10 habitaciones, en una calle con muchos anticuarios y librerías. Cerca de Madurodam. Precio: desde unos 80 €. *http://statenhotel.nl*

Zeeland

• **Center Parc Port Zelande**. *Port Zelande 2, 3253 MG Ouddorp.* En uno de los grandes diques de Zeeland hay uno de los muchos Center Parcs de Holanda. Son parques de bungalós, totalmente equipados, que ofrecen alojamiento a buen precio en medio de la naturaleza y con muchas opciones para niños y adultos. Precio: desde 300 €, dos noches, un chalet para 4 personas. *www.centerparcs.com*

• **Hotel Le Beau Rivage**. *Loskade, 19. 4331 HW Middelburg. Tel. +31 11 863 8060*. Hotel agradable, a orillas del río. Edificio antiguo y habitaciones modernas. Ambiente acogedor y desayuno abundante. Precio: desde unos 150€. *www.lebeaurivage.nl*

• **Apartamentos**. En toda Holanda, y especialmente en la zona turística de Zeeland, hay multitud de apartamentos y bungalós que se pueden alquilar, por ejemplo través de la web Belvilla. Precio: desde unos 200€/día. *www.belvilla.com*

DE UTRECHT A ARNHEM

EL CORAZÓN VERDE DE HOLANDA

La franja central de los Países Bajos, las provincias de Utrecht y Gelderland, forman un itinerario por el centro del país. Al principio de la ruta todavía hay canales y molinos de viento, pero poco a poco el paisaje deja paso a bosques y ríos. Esta zona se conoce como el "corazón verde" de Holanda, y ofrece al viajero rutas bordeando el río y visitando castillos, pequeñas poblaciones muy activas, parques nacionales y la ciudad universitaria de Utrecht.

UTRECHT

El campanario de la Domtoren de Utrecht

Utrecht es una ciudad llena de vida, con la mayor población universitaria de Holanda, uno de los aparcamientos para bicicletas más grande del mundo y un conjunto de canales que recuerdan a los de Ámsterdam, con la particularidad única de que aquí los canales albergan en su parte baja restaurantes, tiendas y terrazas.

Su casco histórico medieval es muy elegante y lleno de vida, con tiendecitas con encanto, terrazas siempre animadas y edificios monumentales que ofrecen actividades culturales para todos los gustos.

El campanario más alto de Holanda está en esta ciudad. Es la *Domtoren*, de estilo gótico y con 112 metros de altura a los que se puede subir por sus 465 escalones. La vista es espectacular. La iglesia gótica de **Domkerk**, a su lado, cuenta con un bonito claustro de los siglos XIV y XV. Todos los sábados a las 15.30h hay conciertos gratis de música de cámara.

Desde el claustro se puede ver las partes más antiguas de la Universidad, que está al lado, como una fachada con frontispicio escalonado de ladrillo. La *universidad de Utrecht* es la segunda más antigua de Holanda, después de la de Leiden. Fue fundada en 1636. De hecho, hay también un museo dedicado a la universidad, con hallazgos arqueológicos pero también antiguos instrumentos de investigaciones científicas, manuscritos y retratos de los profesores más famosos, desde el siglo XVI. Junto al museo está el *Oude Hortus*, **jardín botánico** creado el siglo XVIII con especies raras llegadas de las expediciones holandesas por el mundo.

En la plaza Domplein se encuentra el museo subterráneo *Dom Under*, que muestra los descubrimientos arquelógicos de la zona, que se remontan a la época romana. Incluso se puede revivir el tornado devastador que en 1674 derrumbó la nave de la catedral para dejar solo la torre.

Domkerk. *Domplein. 3512 JD Utrecht*. Abierto todos los días. Gratis. *www.domkerk.nl*

Domtoren. De martes a sábado de 10 a 17h. Domingo y lunes de 12 a 17h. Precios: adultos 10€, niños de 4 a 12 años, 5€. Hay también billetes combinados con el museo Speelklok. Solo se puede visitar en grupo (máximo de 40 personas) con un guía. La visita guiada, que incluye otras salas, dura aproximadamente una hora y sale de las oficinas de turismo de la misma plaza Dom, número 9. *www.domtoren.nl*

Dom Under. *Domplein, 4. 3512 JD Utrecht*. De martes a domingo a partir de las 10.30h, visitas en diferentes turnos horarios. Precio: adultos 11€, niños 8.50€. *www.domunder.nl*

Jardín Botánico. *Budapestlaan, 17. 3584 CD Utrecht. Tel. +31 30 253 5455*. Precio: adultos 8,50€, de 13 a 18 años, 3,50€, niños hasta 12 años gratis. De marzo a noviembre, de 10 a 17h. *www.uu.nl*

LOS CANALES

Los populares canales de Utrecht

Los canales de Utrecht cuentan con antiguos almacenes en un segundo nivel. Esto es así porque los habitantes de las mansiones que daban a los canales decidieron construir sus embarcaderos como una segunda calle, a nivel del agua, aprovechando el desnivel que había por la construcción de los diques. Desde allí, los almacenes y las bodegas se excavaban hasta el interior de las casas, en la segunda mitad del siglo XII.

Así surgieron los muelles dobles de Utrecht, actualmente reconvertidos en restaurantes y cafeterías con terrazas a orillas de los canales, y que le da el toque diferencial con los canales de Ámsterdam. El *Oudegracht* es uno de los canales más famosos de Utrecht y mide casi dos kilómetros de largo.

Pasear por los canales a pie o en barco y curiosear por las callejuelas con casas de ladrillo rojo son algunos de los encantos de esta ciudad, llena de comercios, cafés, restaurantes y algunos museos y centros culturales muy interesantes.

MUSEOS

Uno de los más centrales es el *Nationaal Museum van Speelklok tot Pierement*, dedicado a la historia de los instrumentos musicales mecánicos. Tiene una preciosa colección que lo convierte en un museo con mucho encanto, con toda clase de ingenios mecánicos y artilugios musicales (algunos del siglo XVIII), como relojes de carillón, cajas de música, orquestriones, organillos callejeros y de salón y pianolas. Además, el museo está alojado en un edificio histórico, la Buurkerk, una antigua basílica medieval reconstruida en estilo gótico. En el vestíbulo hay una cafetería abierta al público que exhibe también relojes y organillos.

Los amantes del archiconocido personaje infantil **Miffy** pueden visitar la *casa museo del dibujante Dick Bruna* (fallecido en 2017), autor de la mundialmente famosa conejita Miffy, que en su versión holandesa original se llama Nijntje. Los cuentos de Nijntje se han traducido a 40 idiomas y se han vendido más de 85 millones de ejemplares por todo el mundo.

Por su parte, el museo *Het Catharijneconvent* es uno de los más importantes del género sacro, con arte medieval con numerosas obras como retablos, orfebrería o códices en miniatura, pero también pinturas y tallas de artistas como Frans Hals o Rembrandt.

Speelklok Museum. *Steenweg, 6. 3511JP Utrecht. Tel. +31 30 231 2789*. Horario: de martes a domingo, de 10 a 17h. En vacaciones, lunes también abierto. Precio: adultos 13€. Niños de 4 a 12 años 7€. *www.museumspeelklok.nl*

Museo Miffy. *Agnietenstraat, 2. 3512 XB Utrecht. Tel. +31 30 236 2399*. Horario: todos los días de 10 a 17h. Precio: niños de 2 a 6 años, 9,50€, de 7 en adelante, 6€. También tiques familiares. *https://nijntjemuseum.nl*

Museo Het Catharijneconvent. *Lange Nieuwstraat, 38. 3512 PH Utrecht. Tel. +31 30 231 3835*. Horario: de martes a viernes de 10 a 17h, fines de semana de 11 a 17h. Precio: adultos 17€, niños de 7 a 17 años, 7€, menores gratis. *www.catharijneconvent.nl*

CASA RIETVELD-SCHRÖDERHUIS

Los amantes de la arquitectura tienen una visita obligada en Utrecht: la casa Rietveld-Schröderhuis. Esta casa fue diseñada en 1924 por el arquitecto Gerrit Rietveld en colaboración con Truus Schöder. Aquí Rietveld puso en práctica todos sus principios de funcionalidad en la arquitectura y el uso de los colores básicos del movimiento moderno de De Stijl. La casa, una especie de "casa de muñecas" donde los muebles y las paredes se mueven para cumplir con sus funciones específicas, está declarada Patrimonio de la Humanidad por la UNESCO.

Casa Rietveld-Schröderhuis. *Prins Hendricklaan, 50. 3583 EP Utrecht*. Horario: de martes a domingo de 11 a 17h. Viernes de abril a octubre de 11 a 21h. Solo se puede visitar con un *tour* organizado con audioguía (también en español), cinco veces al día, de una hora de duración. Hay que reservar a través de la web. Precio: adultos 17€, de 13 a 18 años, 9€, niños menores de 12 años, 3€. La casa es parte del Centraal Museum, que se puede visitar para conocer más sobre el arquitecto.
www.rietveldschroderhuis.nl

MUSEO WATERLINIE

Muy cerca de Utrecht, hay un interesante museo que recuerda la importancia histórica del agua usada como arma: hasta 1940, Ámsterdam estaba defendida por una línea de defensa formada por zonas inundables a conveniencia. El anillo más cercano a la ciudad era el conocido como Stelling van Amsterdam, una línea de defensa fortificada de 135 km que rodea la capital, y protegida actualmente por la UNESCO. Se construyó entre 1880 y 1914. Pero la segunda línea defensiva estaba en la zona de Utrecht, se construyó entre 1815 y 1826, y se puede comprobar el funcionamiento en este museo. Toda una red de esclusas, fuertes, diques, búnqueres… arquitectura militar combinada con arquitectura del paisaje.

El museo está situado en el antiguo fuerte Fort Vecht, uno de los más grandes de la línea, y explica como ya desde 1588 existía el primer plan para usar el agua con fines defensivos. Hay un modelo de 50 metros de largo que reproduce el funcionamiento del sistema, y el visitante puede activar las bombas de agua y las compuertas y esclusas para inundar o desecar los terrenos a su conveniencia. Hay numeroso material interactivo, elementos originales y réplicas. También se puede hacer un "tour" virtual desde un paracaídas, con unas gafas de realidad virtual, para ver toda la línea de defensa desde arriba.

Museo Waterlinie. *Fort bij Vechten, Achterdijk 12, Bunnik. Tel. +31 30 656 5285.* Horario: de martes a domingo de 10 a 17h. Precio: adultos 9,50 €, de 5 a 12 años, 6 €, menores de 4 años, gratis. Información sobre la línea defensiva de Ámsterdam: *www.stelling-amsterdam.org*. Web del museo: *https://waterliniemuseum.nl*

Castillos, lagos y ríos

La fortaleza de Muiderslot

En toda la zona alrededor de Utrecht hay diversos castillos o antiguas casas señoriales fortificadas. Ya incluso antes de llegar a Utrecht, desde la ciudad de Ámsterdam, se recorren las localidades de Naarden y Muiden. Naarden era una plaza fuerte en el siglo XIV y conserva los bastiones en forma de estrella y el foso. En Muiden se puede visitar la fortificación del *Muiderslot*, construída en 1208 y reconstruida a finales del siglo XX para exponer una colección de muebles, armas y armaduras, y ofrecer actividades interactivas.

Cerca de Utrecht se encuentra la región de los lagos, una extensa zona regada por el río Vecht, con cañaverales y bosques. Este río era una importante vía de transporte ya desde la época romana, y allí es donde se concentran las residencias de verano de la alta burguesía de Ámsterdam del Siglo de Oro. Hoy es una zona de ocio para practicar deportes acuáticos y escapar de la concentración urbana cercana.

Los castillos, pequeños pero imponentes, se suceden. Muchos de ellos eran fortalezas que luego se reconvirtieron en mansiones señoriales. El *Slot Zuylen* es un edificio medieval con torres octogonales, que fue ampliado en el siglo XVIII. Está decorado con valiosos muebles, tapices y obras de arte. También en esta zona se encuentra el *castillo de Haar*, en el pueblo de Haarzuilens, muy cerca de Maarssen. Es un imponente castillo de ladrillo construido entre los siglos XV y XVI.

A lo largo del río Lek, por su parte, hay diversas poblaciones de origen medieval con arquitectura muy interesante. Destaca el pueblo de *Amerongen*, antiguamente dedicado al cultivo del tabaco, como ilustra el museo local, y con el castillo del mismo nombre, reconstruído en el siglo XVII y en cuyo interior hay una colección de objetos personales del káiser a Alemania, recluido 18 meses en este castillo cuando acabó la I Guerra Mundial. Localidades como Tiel o Heteren, a orillas del Rin, cuentan con diques fortificados.

Es muy recomendable llegar hasta la localidad de *Zaltbommel* y desde allí recorrer la orilla del río Waal hacia el este. Es un paisaje con mucho encanto, caballos y ciervos rodeados de bosques y edificios históricos. Donde convergen los ríos Maas (Mosa) y Waal se levanta el castillo medieval *Slot Loevestein*, que se empezó a construir en 1361. Su emplazamiento estratégico lo convirtió en un lugar importante en todas las batallas habidas y por haber, incluyendo la Guerra de 80 años contra España. Después formó parte también de la línea defensiva de agua que protegía el país de ataques enemigos, de oeste a este. Ahora cuenta con exposiciones muy completas sobre la época, un museo con mucho material, e incluso se organizan bodas y eventos.

Muiderslot. *Herengracht 1. 1398 AA Muiden. Tel. +31 294256 262*. Horario: De abril a octubre, de lunes a viernes de 10 a 17h, fin de semana de 12 a 17h. Precio: adultos 15.50€, niños de 4 a 11 años 9€, menores 3 años gratis. (también gratis con los pases turísticos combinados de Ámsterdam). *www.muiderslot.nl*

Slot Zuylen. *Tournooiveld, 1. 3611 AS Oud-Zuilen. Tel. +31 30 244 0255*. De noviembre a marzo, fines de semana de 11 a 17. De abril a octubre, de martes a domingo de 11 a 17h. Precio: adultos 13 €, niños 6,75 €. Solo el jardín 3,50 €. El castillo solo se puede visitar en rutas guiadas (cada hora) y el jardín y centro de visitantes (con una cafetería) se pueden recorrer por libre. *www.slotzuylen.nl*

Kasteel De Haar. *Kasteellaan 1. 3455 RR Haarzuilens. Tel. +31 30 677 8515*. Horario: todos los días de 11 a 17h. El jardín abre a las 9h. Precio: adultos 17 €. Niños de 4 a 12 años, 11€. Solo el jardín 6€ adultos, 4€ niños. *www.kasteeldehaar.nl*

Kasteel Amerongen. *Drostestraat 20. 3958 BK Amerongen. Tel.+31 34 356 3766*. De noviembre a marzo, de jueves a domingo de 11 a 16h. De abril a octubre, de martes a domingo de 11 a 17h. Precio: adultos 12,50€. Niños de 5 a 18 años 6€. Solo el jardín 4,50€ (gratis menores 12 años). *www.kasteelamerongen.nl*

Slot Loevestein. *Loevestein 1. 5307 TG Poederoije. Tel. +31 18 344 7171*. Horario: De octubre a abril, fines de semana de 11 a 16h. (octubre hasta las 17h). De mayo a septiembre todos los días de 11 a 17h (mayo y septiembre lunes cerrado). Precio: adultos 14€. De 4 a 18 años, 9,50€. Menores de 3 gratis. *www.slotloevestein.nl*

El Versalles de Holanda

Siguiendo hacia al este, la ruta discurre por los grandes bosque de Veluwe y pasa por ciudades como *Amersfoort*, que conserva un casco histórico precioso y algunas puertas de la muralla medieval. Al llegar a la ciudad de Apeldoorn vale la pena hacer una parada y visitar el *palacio de Het Loo*, aunque está en proceso de restauración.

Este palacio fue construido en 1684 por orden de Guillermo III, "stadthouder" de los Países Bajos y rey de Inglaterra, para su mujer, María II Estuardo. Fue residencia estival de la familia real hasta 1969. El interior está ricamente decorado con tapices, mobiliario, porcelana y con todas las dependencias de la época. Los jardines, por su parte, son del estilo Versalles, con fuentes, escalinatas y parterres geométricos.

Paleis Het Loo. *Koninklijk park 1, 7315 JA Apeldoorn. Tel. +31 55 577 2400.* El palacio está cerrado por obras de restauración hasta el año 2021. Los jardines están abiertos de abril a septiembre. *www.paleishetloo.nl*

ARNHEM

La ciudad de *Arnhem* fue reconstruída después de la II Guerra Mundial. Es una villa industrial pero también turística. Cuenta con dos atracciones importantes: el museo al aire libre y el zoo.

El *museo al aire libre* es una colección de 70 antiguas granjas, traídas e instaladas desde diferentes regiones de Holanda, construidas en el siglo XVII. Además de la diferente arquitectura, se pueden ver trajes regionales, talleres artesanales, tranvías del siglo XIX y siete molinos de viento de diferentes tipos.

El *zoológico*, por su parte, es el más amplio y rico de toda Holanda, y uno de los más importantes del mundo. A lo largo de 25 hectáreas, se recrean diferentes hábitats: la sabana africana, la selva tropical, el desierto norteamericano… Cuenta con unos 3.000 ejemplares de animales salvajes, y aquí fue donde el famoso primatólogo holandés Frans de Waals empezó sus investigaciones.

Openlucht museum. *Hoeferlaan 4, 6816 SG Arnhem. Tel: +31 26 357 6111.* Horario: De abril a octubre todos los días de 10 a 17h. En temporada de invierno solo abren en algunos cortos periodos. Precio: a partir de 13 años, 17’50€. De 4 a 12 años, 14’50€. Menores de 3, gratis. Descuentos comprando *on line*. También tiques combinados con el zoo Burgers. *www.openluchtmuseum.nl*

Burgers Zoo. *Antoon van Hooofplein, 1. 6816 SH Arnhem. Tel. +31 26 442 4534.* . Horario: De abril a octubre todos los días de 9 a 18h. De noviembre a marzo, de 9 a 17h. Precio: adultos 22’50€, de 4 a 9 años, 19’50€. Menores de 3 gratis. También tiques combinados con el museo al aire libre. *www.burgerszoo.nl*

Nimega

Marktplatz de Nimega

Aún más al este, se encuentra Nijmegen (Nimega), considerada la ciudad más antigua del país. Tiene orígenes celtas y en la época romana tuvo mucha importancia. La ciudad fue bombardeada en la II Guerra Mundial por error, ya que el ejército aliado pensó que era una ciudad alemana (está a 10 km de la frontera). Pero posteriormente fue reconstruida, aunando restauración y actuaciones de urbanismo modernas.

Actualmente acoge una importante universidad, y como ciudad universitaria tiene mucha vida y animación, con calles comerciales y muchos cafés y restaurantes siempre llenos de gente. El *museo Het Valkhof* reúne restos arqueológicos de la época romana, que dejó muchos vestigios en la ciudad. Arte antiguo y moderno se dan la mano en este centro.

Una visita muy interesante es el museo *Muzieum* ("zie" en holandés es "ver"), donde se puede experimentar en propia piel la sensación de no ver nada. Un guía invidente lleva a grupos de 6 personas en una experiencia de una hora donde se viven situaciones cotidianas en la más completa oscuridad. Un reto para todos los sentidos y una llamada a la comprensión de las dificultades para las personas con problemas de visión.

El *Velorama*, por su parte, reúne una colección de más de 250 bicicletas históricas. Una visita muy interesante. Curiosamente, es el único museo dedicado a la bicicleta en toda Holanda.

Museo Het Valkhof. *Kelfkensbos, 59. 6511 TB Nimega. Tel. +31 24 360 8805.* Horario: de martes a domingo de 11 a 17h. Precio: adulto 12.50, de 13 a 17 años, 6,25€. Hasta 12 años, gratis. *www.museumhetvalkhof.nl*

Muzieum. *Ziekerstraat, 6 B. 6511 LH Nimega. Tel. +31 24 200 1050.* Horario: De martes a domingo de 9.30 a 17h. Lunes de 12 a 17h. Precio: 16,50 € el *tour* de una hora, 11€ de 8 a 12 años, previa explicación e información. Hay que reservar con antelación. *https://muzieum.nl*

Velorama. *Waalkade 107, 6511 XR Nimega. Tel: +31 24 322 5851.* Horario: todos los días de 10 a 17h. Domingos y festivos de 11 a 17h. Precio: adultos 5€, niños hasta 13 años, 3€. **www.velorama.nl**

Parque Nacional Hoge Veluwe

En bici por el Parque Nacional de Hoge Veluwe

Cerca de Arnhem se encuentra el Parque Nacional de Hoge Veluwe, el más grande de Holanda, con 5.500 hectáreas de bosques y llanuras, lagos y praderas de brezos, donde viven en libertad miles de ciervos y otros animales, como muflones o jabalíes. Todo el interior del parque está atravesado por pistas para ciclistas, y también se puede ir a pie.

Uno de los factores más entrañables del parque son sus famosas "bicicletas blancas": a la entrada del parque hay toda una serie de bicicletas pintadas de blanco, de diferentes tallas, para que las monten los visitantes, de manera gratuita. Así, se puede realizar una bonita excursión de todo el día por el parque, visitando las atracciones naturales y el museo, aparcando la bici con tranquilidad donde se prefiera.

El antiguo centro de visitantes De Aanschown se convirtió en 1993 en el Museonder, un museo subterráneo que ilustra sobre los hábitats de 150 especies de animales del subsuelo, y también preparado para la observación de los animales en su hábitat natural.

Paseando con las bicis blancas se puede admirar la naturaleza y los animales, y visitar el pabellón de caza Sint Hubertus, uno de los edificios más interesantes del parque. Fue construido por Berlage, uno de los arquitectos más importantes de la Holanda de principios del siglo XX, por encargo de Anton Kröller.

Parque Nacional Hoge Veluwe. *Hay tres entradas. En Otterlo: Houtkampweg 9. En Hoenderloo: Houtkampweg 13. En Schaarsbergen: Koningsweg 17.* Horario del parque: De noviembre a marzo, de 9 a 18h. Abril, de 8 a 20h. Mayo, de 8 a 21h. Junio y julio de 8 a 22h. Agosto de 8 a 21h. Septiembre de 9 a 20h. Octubre de 9 a 19h. Precio: a partir de 13 años, 9,95€. Niños de 6 a 12 años, 5€. Menores de 6, gratis. En todas las entradas, y también en diferentes enclaves del parque, hay bicicletas blancas a disposición del viajero. No hay que preocuparse, hay de sobras: casi 2.000. *www.hogeveluwe.nl*

Museo Kröller Müller

La localidad de Otterlo está situada en el comienzo de la carretera que conduce al museo Kröller Müller, uno de los centros de arte contemporáneo más importantes del mundo. Entre otras, posee la colección más grande de obras de Van Gogh. Solo por visitarlo ya valdría la pena una excursión a esta zona del país. Cerca del museo hay un jardín de esculturas, con obras de arte realizadas por artistas como Henry Moore.

El matrimonio Kröller Müller cedió su legado al Estado en 1935, con una extraordinaria colección de arte. El museo fue inaugurado el 1938, en 1961 se creó el jardín de esculturas y cuatro años más tarde se levantó el pabellón de cristal, obra de Rietveld. En 1977 se añadió un nuevo pabellón.

Dado el grandioso patrimonio del museo, exhiben las obras con un criterio de rotación continua y muestras temporales. Hay obras de los antiguos maestros, pero sobre todo pintura, escultura, dibujos y artes aplicadas desde finales del siglo XIX hasta la actualidad. La parte más importante es la gran colección de obras de Van Gogh, con 278 obras entre pinturas y dibujos.

Picasso, Gris, Léger, Rodin, Giacometti, Oldenburg, Serra o Kounellis son otros de los cientos de nombres que se pueden admirar habitualmente en este museo, uno de los más importantes del mundo y que además está rodeado de un entorno natural sin igual.

Kröller-Müller Museum. *En medio del parque nacional. Houtkampweg 6. 6731 AW Otterlo. Tel. +31 31 859 1241*. Horario del museo: de martes a domingo de 10 a 17h. Jardín de esculturas hasta las 16.30h. Precio: entrada conjunta con el parque. A partir de 12 años, 19,90€. Niños de 6 a 12 años, 10 €. Menores de 6, gratis. *www.kmm.nl*

AL SUR DE LOS GRANDES RÍOS

Desde el centro de Holanda, el visitante puede “cruzar los ríos”, como dicen los holandeses, para visitar el sur del país, con un territorio más ondulado y boscoso y con muchas raíces comunes con los vecinos alemanes y belgas. El país está cruzado por los grandes ríos que surgen de Europa central, como el Rin (que luego se convierte en el Lek y en el canal Amsterdam-Rin), el Waal y el Mosa. Para muchos holandeses, atravesar los ríos es como una frontera psicológica entre el norte protestante y moderno, y el sur católico y tradicional.

Den Bosch

Las iglesias marcan el perfil de Den Bosch

La ciudad de 'S Hertogenbosch, más conocida como Den Bosch, es hoy en día un importante centro industrial y sede episcopal. Su lugar más destacado es, sin duda, la *catedral de Sint Jan* (San Juan). Es uno de los edificios religiosos más importantes de Holanda, y una obra maestra del gótico flamígero de Brabante.

Construída entre los siglos XIV y XV, contiene imponentes elementos decorativos tanto en el exterior como en el interior. Una talla de madera de la Virgen del siglo XIII, un coro con sillería gótica, pinturas al fresco o un retablo del siglo XV son algunas de las joyas que se pueden admirar paseando por su interior. También se puede subir a lo alto de su torre y admirar las vistas desde 43 metros de altura.

Esta ciudad es también la cuna del pintor Jheronimus Bosch (El Bosco). En una antigua iglesia se levanta un *museo* dedicado a este peculiar artista, con montajes interactivos y reproducciones a tamaño real de todos sus cuadros. En el sótano han recreado un estudio del siglo XV.

Catedral de San Juan. *Parade/Torenstraat 16, 5211 KL Den Bosch.*. Horario: todos los días de 9 a 17h. *www.sint-jan.nl*

Jheronimus Bosch Art Center. *Jeroen Boschplein 2. 5211 ML 's-Hertogenbosch. Tel. +31 73 612 6890*. Horario: de abril a octubre, de martes a domingo de 11 a 17.30h. De noviembre a marzo de 12 a 17h. Del 1 de febrero al 5 de marzo el museo está cerrado. Precio: adultos 7€, niños de 4 a 12 años, 3.5 €. *www.jheronimusbosch-artcenter.nl*

Eindhoven

Esta ciudad puede ser el punto de partida para el visitante a Holanda si llega a través de su aeropuerto. Es un gran enclave dedicado a la industria automovilística (como Daf), eléctrica (la sede de Philips), textil y papelera, y con un gran protagonismo del diseño. Precisamente ser la sede del nacimiento de Philips ha propiciado que cada año allí se celebre el festival Glow Eindhoven, donde toda la ciudad se ilumina con grandes instalaciones de decenas de artistas internacionales de la luz.

Cerca de Eindhoven está el pueblo de *Nuenen*, donde Van Gogh pintó muchos de sus cuadros, paisajes que aún se pueden ver intactos más de un siglo después. Una de las actividades que se organizaron aquí en 2015, para celebrar el 125 aniversario de su muerte, fue un carril bici especial que se ilumina gracias a un sistema de piedras fluorescentes incrustadas en el pavimento y que cuando llega la noche reproduce el cielo de "La noche estrellada", del artista.

EL PARQUE DE EFTELING

Al lado de la ciudad de Tilburg está el parque de atracciones Efteling. Es un parque moderno, pero lo que lo hace único es que también conserva toda una parte como era antiguamente, en los años 1950, con esculturas y atracciones diseñadas por el artista Anton Pieck y el encanto que ello conlleva. Destaca el "Bosque de los cuentos", donde los árboles "explican" leyendas, puedes "ver" a la Bella Durmiente y a Hansel y Gretel, entre otros muchos personajes, y las papeleras te animan con versos a que tires allí la basura.

Efteling. *Europalaan, 1. 5171 KW Kaatsheuvel. Tel. +31 41 653 7777*. Horario: todos los días de 10 a 20 h (en invierno hasta las 18h). Precio: 40€. Gratis menores de 3 años. Aparcamiento, 10€. *www.efteling.com*

Maastricht

La coqueta ciudad de Maastricht y el río Mosa

En la punta sur del país, encajonado entre Alemania y Bélgica, se encuentra la ciudad de Maastricht. La capital de la provincia de Limburg es una ciudad medieval con vestigios romanos, y es una ciudad elegante y coqueta, repleta de calles para pasear, comprar o admirar las bellas fachadas. La gran plaza del mercado es el centro neurálgico, y el río Maas (Mosa) cruza la ciudad añadiéndole un toque romántico.

La ciudad acogió la firma del Tratado de Maastricht de 1991 y desde entonces cobija a numerosas instituciones europeas. Paseando por sus calles se pueden admirar numerosos edificios góticos, como el antiguo gobierno español, residencia de los duques de Brabante hasta finales del siglo XIV; la antigua corte de justicia y actualmente oficina de turismo; diferentes iglesias y claustros; así como restos de la muralla medieval, con galerías defensivas y puentes.

Las grandes plazas *Vrijthof* y *Onze Lieve Vrouweplein*, que aloja la basílica de Nuestra Señora, están siempre llenas de gente en las terrazas. Uno de los monumentos más emblemáticos es el puente *Sint-Servaas Brug*, del siglo XIII, que cruza el río Mosa.

Una visita obligada es la monumental *librería Dominicanen*, situada en una iglesia gótica del siglo XIII, de la orden de los dominicos. Está considera la librería más bonita del mundo y es toda una experiencia rebuscar por sus estantes entre columnas, capiteles y techos abovedados. Tienen también una cafetería y libros de segunda mano.

Anticuarios y librerías de viejo abundan aquí, así como galerías de arte. Cada año, Maastricht acoge la feria internacional de arte y antigüedades TEFAF, una de las más importantes del mundo. Asimismo, la ciudad es la sede del festival culinario más popular de los Países Bajos, el Preuvenemint, que se celebra a finales de agosto.

Muy cerca de Maastricht, en la localidad de Waals, se encuentra el punto más elevado de todos los Países Bajos, a 323 metros sobre el nivel del mar. Allí está el llamado "Drielandenpunt", el punto donde se juntan las fronteras de tres países: Holanda, Bélgica y Alemania.

Librería Dominicanen. *Dominicanerkerkstraat, 1. 6211 CZ Maastricht. Tel. +31 43 410 0010*. Horario: todos los días de 9 a 18h. Lunes a partir de las 10h. Domingo a partir de las 12h. Jueves hasta las 21h. *https://www.libris.nl/dominicanen*

ALQUILER BICICLETAS

Utrecht

• **Black Bikes**. *Vredenburg 29 (frente el Tivoli Vredenburg). 3511 BC Utrecht. Tel. +31 85 273 7454*. Precio: unos 13€ al día. También se puede alquilar por 3 horas, 9€. http://black-bikes.com/es/

La plaza que está al lado de la Estación Central de Utrecht ha vivido una gran transformación urbanística en los últimos tiempos. En 2018 se inauguró el gran aparcamiento de bicicletas por debajo de la Estación, con capacidad para 13.500 bicis, lo que lo convierte en uno de los más grandes del mundo. También hay un taller de reparación y una tienda de alquiler.

PASEOS EN BARCO

Utrecht

• **Utrecht Canal Cruise**. *Oosterkade 18. 3582 AT Utrecht. Tel. +31 61 481 1408*. Precio: 50€ ruta guiada privada en barco de 1 hora de duración. Capacidad 4 personas. *www.utrechtcanalcruise.nl*

• **Rijnstroom**. *Weg naar Rhijnauwen 2. 3584 AD Utrecht. Tel. +31 30 252 1311*. Alquiler de canoas, kayaks y barcos. Precio: 1 hora canoa 1 persona, 4'5€. 1 hora barco de remos 5 personas, 10€ por bote. *www.rijnstroom.nl*

COMPRAS

Utrecht

• **Hoog Catharijne**. *Godelbaldkwartier, 54. 3511 DX Utrecht. Tel. +31 30 243 7128*. Horario: todos los días de 10 a 20h. Lunes de 12 a 20h. Domingo de 12 a 18h. Gran galería comercial diseñada como una extensión de la estación central de trenes de Utrecht, allí se puede encontrar de todo, desde moda hasta restauración. También es un cómodo pasadizo utilizado por miles de personas al día para llegar al corazón del centro histórico si llueve, un centro histórico también cargado de tiendas y *boutiques*, como las calles Lange Elizabethstraat o Steenweg. *https://hoog-catharijne.klepierre.nl*

• **Blunder**. *Oudegracht 203. 3511 NH Utrecht. Tel. +31 30 231 1461*. Horario: de 11 a 18h. Lunes de 13 a 17.30. Sábado de 10 a 17h. Tienda de cómics con una gran oferta, también en inglés. Como mínimo es curioso ver el nombre en holandés de algunos personajes clásicos, como Tintín (Kuifje), y conocer los cómics históricos del país. *www.stripwinkelblunder.nl*

• **Subcultures**. *Oudegracht, 183. 3511 NE Utrecht. Tel. +31 30 737 1007*. Horario: todos los días de la semana de 11 a 18h. Lunes de 13 a 18h. Sábados de 10 a 18h. Domingos de 12 a 17h. Jueves y viernes hasta las 19h. Tienda especializada en juegos de mesa. También tienen un *scape room* y organizan muchas actividades y talleres. Muy amables y un surtido impresionante. *www.subcultures.nl*

• **Miffy**. *Agnietenstraat, 2. 3512 XB Utrecht. Tel. +31 30 236 2399*. Horario: de martes a domingo de 10 a 17. La tienda pertenece al Museo Miffy, pero se puede entrar sin visitar el museo. El conejito Miffy (Nijntje en el original holandés de Dick Bruna) es el eje central de esta tienda. Peluches, libros, música, camisetas, juguetes… todo un universo internacional en torno a esta tierna figura. Muchos productos se compran en tiendas de todo el mundo, pero no todos pueden decir que lo han comprado en el taller-museo del autor. *https://nijntjemuseum.nl*

Arnhem

• **Modekwartier**. La ciudad de Arnhem es un buen sitio para encontrar tiendas de moda alternativa, en la estela del ArtEx Institute of Arts, de donde salieron nombres de diseñadores famosos como Viktor and Rolf y Roosegaarde. En las calles del barrio de Modekwartier, como Klarendalseweg, se suceden las tiendecitas de moda, joyas, interiorismo y galerías de arte donde la creatividad y el diseño se dan la mano. *www.modekwartier.nl*

• **Less**. *Nieuw Plein, 13. 6811 KP Arnhem. Tel. +31 65 353 0365*. Horario: De miércoles a domingo, de 12 a 18h. Un sitio curioso, como mínimo, para visitar. El concepto de una biblioteca, pero con ropa. Se puede tomar "en préstamo" (como un libro en una biblioteca) una prenda, vestido, bolso o complemento, por 5€ por 1 día. Se paga un depósito del precio de la prenda, y cuando se devuelve el vestido se devuelve el dinero. También se puede pagar una suscripción, algo práctico si se vive allí. Decorado con fotos de mujeres reales, clientas de la tienda. *www.outfitlibraryless.nl*

• **Kronenburg**. *Kronenburgpassage 101. 6831 EL Arnhem. Tel. +31 62 866 6979*. Horario: De 9 a 18h. Lunes de 11 a 18h. Jueves de 9 a 21h. Domingos de 12 a 17h. Galerías comerciales con todo tipo de comercios, desde moda hasta joyerías, restaurantes y tiendas de decoración. *www.winkelcentrumkronenburg.nl*

RESTAURANTES

Utrecht

• **Héron Petit Restaurant**. *Schalkwijkstraat 26 – 28. 3512 KS Utrecht. Tel. +31 30 230 2229*. Horario: De martes a sábado a partir de las 17.30h. Restaurante que ofrece productos orgánicos y de suministradores locales. En su web se pueden ver todos los productores con quienes trabajan, desde huertos a carniceros y pescaderías. Tienen menús de 3, 4 o 5 platos, por 36, 41 y 46€ respectivamente, aunque también se pueden pedir platos sueltos. *www.heronrestaurant.nl*

• **Oudaen**. *Oudegracht 99, 3511 AE Utrecht. Tel. +31 30 202 4048*. Horario: todos los días a partir de las 8h. Antiguo castillo en el corazón de la ciudad, donde también se instaló una fábrica de cerveza. Ambiente de gran café acogedor, ofrece desde desayunos a cenas. Entre 8 € ensaladas o sopas completas a mediodía hasta 20 €

platos de cena con carne. Amplia oferta de cervezas. *www.oudaen.nl/en/home-en*

• **Meneer Smakers**. Tienen 4 locales en Utrecht y se consideran las mejores hamburguesas de la ciudad. Tienen un menú divertido, donde cada bocadillo tiene el nombre de un "tío" o "abuelo"... También hay opciones vegetarianas. Cada local tiene distintos horarios, pero en general abren de 11.30 a 22h. Precio entre 6 y 9€. *www.meneersmakers.nl*

• **Kasteel Heemstede**. *Heemsteedseweg, 20. 3992 LS Houten. Tel. +31 30 272 2207*. Horario: de martes a sábado, mediodía de 12 a 14.30 h, noche de 18 a 21.30h. Un castillo del siglo XVII en las afueras de la ciudad aloja este restaurante, rodeado de foso y jardines. Cocina sofisticada con productos locales. Comer a la carta es algo caro, pero tienen diferentes menús degustación, desde 47,50 € tres platos a mediodía hasta 90€ menú degustación completo. *https://restaurant-kasteelheemstede.nl*

Veluwe

La zona del Veluwe está repleta de buenos restaurantes donde dan mucho protagonismo a la caza, lo que no es de extrañar en una región repleta de ciervos, jabalíes y mucha otra fauna. También hay varios con estrella Michelin. Toda la zona destaca por su investigación agroalimentaria y la defensa del producto autóctono como la miel, el queso, el pan o la cerveza con certificados de calidad y de producción local.

• **De Waldhoorn**. *Dorpsstraat, 2. 6731 AT Otterloo. Tel. +31 31 859 1239*. Horario: todos los días de 10 a 22h. Muy cerca del museo Kröller Müller, ideal para descansar y reponer fuerzas. Ambiente agradable. Especialidad en caza, como filete de ciervo con salsa de vino, o trío de ciervo, jabalí y pato, por 26€. Platos tradicionales holandeses como sopas y estofados de verdura. *www.de-waldhoorn.nl*

• **De 3-Ster**. *Kerklaan 13-15. 6731 BA Otterlo. Tel. +31 31 859 2166*. Horario: de 12 a 21h. Lunes y miércoles cerrado. Café restaurante sencillo pero con productos de buena calidad. Carta habitual con sopas, ensaladas y platos de carne y verdura. Platos principales por unos 15€. *www.3ster.nl*

Arnhem

• **Batavia**. *Willemsplein, 31. 6811 KC Arnhem. Tel. +31 26 442 0873*. Horario: todos los días de 12 a 22h. Restaurante indonesio de buena calidad, decorado profusamente con ambiente del país. Rijstaffel completa por unos 32€. Fines de semana bufé para cenar de 3 platos de Java por 17€. *https://batavia-restaurant.nl*

• **Vlees & co**. *Nieuweplein. 22 A Arnhem. Tel. +31 26 702 4010*. Horario. Todos los días a partir de las 17h. Asador especializado en carnes, donde puedes incluso elegir, con un dibujo de la vaca, el corte que quieres. El cliente puede hacer él mismo su pequeña barbacoa en la mesa. Ambiente agradable y familiar. Entre 20 y 40€ plato principal de carne acompañado de patatas fritas, ensalada y salsa al gusto. *https://vleesenco.nl*

ALOJAMIENTOS

Utrecht

• **Grand hotel Karel V**. *Geertebolwerk, 1. 3511 XA Utrecht. Tel. +31 30 233 7555.* Hotel de 5 estrellas que ocupa un antiguo monasterio del siglo XIV y sede de la Orden Teutónica. Habitaciones elegantes y clásicas, *spa*, y todas las comodidades de un hotel de lujo en el corazón de la ciudad. Precios desde unos 200€ por noche. *www.karelv.nl*

• **Oorsprongpark**. *F.C. Dondersstraat,12 . 3572 JH Utrecht. Tel. +31 30 271 6303.* Un *bed and breakfast* con habitaciones económicas, cómodas y modernas y un abundante desayuno. A pocos pasos del centro comercial de la ciudad. Precio: desde unos 140€. *www.oorsprongpark.nl*

• **Stone Hotel & Hostel**. *Biltstraat, 31. 3572 AC Utrecht. Tel. +31 30 268 2315.* Albergue a precios muy económicos, con habitaciones con baño privado y cocina totalmente equipada para poder cocinar. En el centro de la ciudad. Precio: habitación doble con baño desde 62€, habitación compartida desde 23€. *https://stonehostel.nl*

Arnhem

• **Molendal**. *Cronjestraat 15, 6814 AG Arnhem. Tel. +31 26 442 4858.* Ubicado en una coquetona mansión de finales del 1800, construída al estilo Jugendstil. Tiene 17 habitaciones con mucho encanto. Ambiente muy agradable y acogedor. No hay ascensor. Muy céntrico y con un desayuno abundante. Precio: desde unos 80€. *www.hotel-molendal.nl*

• **Hotel Modez**. *Elly Lamakerplantsoen 4, 6822 BZ Arnhem. Tel. +31 26 442 0993.* Hotel ubicado en el distrito de la moda. Cada habitación ha sido decorada de manera única por un diseñador diferente, así como todos los espacios del hotel, una auténtica galería de la decoración y el diseño. Precio: desde unos 110€. *www.hotelmodez.com*

Veluwe

• **Hotel De Sterrenberg**. *Houtkampweg 1, 6731 AV Otterlo. Tel. +31 31 859 1228.* A las puertas del Parque Nacional Hoge Veluwe y a solo 2,5 km del museo Kröller Müller, este hotel alquila bicicletas y tiene piscina cubierta climatizada, *spa* y sauna, y gimnasio. Restaurante de renombre. Precio: desde unos 150€. https://www.sterrenberg.nl/en/

• **Parkhotel De Bosrand**. *Bosrand 28, 6718 ZN Ede. Tel. +31 31 865 0150.* Habitaciones cómodas y modernas en un hotel situado en mitad del bosque y de rutas ciclistas y de senderismo. Ambiente tranquilo, jardines y verdor. Precio: desde unos 80€. *www.debosrand.com*

• **De Roek**. *Karweg, 2. 6731 BX Otterlo. Tel. +31 31 859 1757.* Parque de bungalós con granja infantil, actividades variadas y en medio de la naturaleza, a los pies del parque nacional. Precio: desde 600 € bungaló para 4 personas una semana en verano. *www.deroek.nl*

LAS ISLAS FRISIAS

DUNAS, MAREAS Y AVES MARINAS

Molino histórico en las islas Frisias

Las cinco islas holandesas del mar de Frisia son una de las joyas más desconocidas de Holanda. Forman parte del conjunto declarado Patrimonio de la Humanidad por la UNESCO en junio de 2009, con cinco islas principales y varios islotes repartidos a lo largo de 400 km de la costa de Holanda, Alemania y Dinamarca.

El archipiélago de las islas del Waddenzee hace de barrera natural entre la costa europea y el mar del Norte, formando un mar interior donde mandan los flujos de las mareas y que se ha mantenido casi intacto a lo largo de los siglos. Esta cadena de islas forma un paraje natural que acoge más de 10.000 especies de plantas y animales. Miles de aves habitan allí o descansan en su migración hacia el sur. Las focas asoman su nariz en las largas playas que aparecen y desaparecen conforme sube y baja la marea del mar de Frisia, el Waddenzee.

Es un destino muy popular para el turismo interior de los holandeses, que valoran especialmente el silencio y los espacios abiertos, tan diferentes del ajetreo urbano. Es un paraíso para los ciclistas, y para el turista extranjero puede ser una ocasión de descubrir una zona muy poco conocida, disfrutar de la vida rural y experimentar aventuras poco comunes, como las caminatas guiadas por las marismas o admirar focas desde muy cerca. Y mientras se toma una cerveza en una terraza se puede escuchar un grupo de música folk formado por los ancianos del lugar, que tocan vestidos con los trajes tradicionales.

Aisladas históricamente, estas islas aúnan naturaleza salvaje y pueblecitos marineros que viven en el verano su estación más animada. Los habitantes de estas islas dicen que su principal patrimonio es su paisaje, que les hace sentir el silencio y la paz: un inmenso espacio abierto, dunas cambiantes, viento, aves y playas kilométricas con un flujo de corrientes que va esculpiendo diferentes formas tanto en las dunas como en las vastas llanuras formadas por los lodos del fondo del mar y los bancos de arena.

Conexión con las islas

A las islas de Frisia solamente se puede acceder en ferri. Hay conexiones desde tierra firme a Texel (desde el puerto de Den Helder), Vlieland y Terschelling (desde Harlingen), Ameland (desde Holwerd), y Schiermonnikoog (desde Lauwersoog).

En primavera y verano es posible ir pasando de una isla a la otra, o bien con las diversas compañías de ferris de cada isla, o bien con cruceros específicos. Es una ruta muy interesante pero hay que tener en cuenta que en dos islas, Vlieland y Schiermonnikoog, no pueden acceder coches. Por tanto, si se quiere hacer la ruta entera por todo el collar de las 5 islas sin pisar tierra firme en medio de la ruta, es mejor hacerlo en bicicleta o a pie (en cada isla hay un pequeño pero eficaz transporte público).

En los puertos de cada isla, a la llegada del ferri, se pueden alquilar bicicletas. Normalmente hay disponibilidad, pero en temporada alta o los domingos de verano es mejor reservar antes por Internet, especialmente si se desea alguna bicicleta especial, como una de medida infantil o un tándem. Al alquilar la bici te dan un mapa con las rutas disponibles, todas perfectamente señalizadas.

Se pueden reservar muchas actividades por Internet, pero en todas las localidades hay una oficina de turismo (con las siglas VVV) donde se pueden contratar todas las excursiones que se deseen, además de recibir información detallada sobre eventos, actividades y todo lo necesario para el viajero.

VELEROS ANCLADOS EN BANCOS DE ARENA

En todas las islas se ofrecen diferentes *tours* organizados en barcos de diferentes tamaños y modelos, bien para ir a avistar focas o para descubrir la aventura de navegar entre mareas. Además, entre las islas y el continente hay diferentes ferris convencionales. Pero hay una experiencia destacable: enrolarse unos días en un velero histórico de más de 100 años para navegar en el Mar de Frisia.

La compañía Eilandhopper ofrece rutas desde un solo viaje hasta una ruta de una semana. Se puede dormir en el barco, aunque también se puede viajar de día y dormir en las islas en un hotel. Las rutas cubren las islas del mar de Wadden y también ofrecen recorrer el IJselmeer, el mar interior entre Ámsterdam y el Norte. El barco sale cada sábado desde Ámsterdam (para la ruta del IJselmeer) y desde Lauwersoog (para el Wadden), y se puede visitar Enkhuizen, Texel, Vlieland, Terschelling, Ameland, Schiermonnikoog, Lauwersoog, Stavoren y Lelystad.

Una de las características más peculiares de la experiencia es dormir en el barco, a menudo varado en un banco de arena, y esperar a que suba la marea para poder continuar la ruta.

Veleros históricos. El "Avontuur" y el "Willem Jacob", ofrecen una ruta circular de 5 días desde Ámsterdam a partir de 285 €. La ruta circular de 7 días desde Lauwersoog cuesta a partir de 500 €. Un día, desde Lauwersoog, durmiendo en el barco, desde 80 €. Desayuno incluido en el precio. Comida 10 €, cena 15 €. Hay cocineros y toda la tripulación necesaria, pero si el viajero quiere ayudar izando velas o lo que sea necesario, es bienvenido. *www.eilandhopper.nl*

Wadlopen

El viajero que visita las islas Frisias y quiere presumir de haber hecho algo único tiene que apuntarse a las rutas que se organizan para caminar por las marismas, una actividad que en holandés se llama "wadlopen".

Son excursiones guiadas a lo largo de las playas con la marea baja, por el lodo marino, que llega hasta los tobillos o incluso las rodillas. Los itinerarios permiten recorrer la zona intermareal entre dos islas, o incluso entre una isla y el continente.

Todas las islas ofrecen kilómetros de playas cuyo aspecto va cambiando conforme sube y baja la marea o sopla el viento polar. El flujo de corrientes va esculpiendo diferentes formas en el paisaje, tanto en las dunas como en las vastas llanuras formadas por los lodos del fondo del mar y los bancos de arena.

El equilibrio entre el agua salada del mar y el agua dulce ha propiciado una inmensa riqueza de fauna que vive en las marismas. Cangrejos, navajas, estrellas de mar y ermitaños conviven con aves marinas y, por supuesto, focas que miran curiosas el paso de los ferris y, con suerte, se dejan fotografiar jugando en la arena. No hay que olvidar los prismáticos.

Las excursiones se pueden contratar en las oficinas de turismo o por Internet. Es obligatorio ir en grupo y con guía, ya que se pierde la orientación fácilmente y la marea sube sin tregua. Hay diversos tipos de excursión, dependiendo de la época, edad de los participantes, dificultad y longitud.

No se puede ir descalzo, porque las navajas y los cangrejos acechan, y los pies notan el cosquilleo del mundo animal y vegetal a su alrededor. Tampoco hay que infravalorar el factor climatológico. Una excursión puede empezar con un sol y acabar con una tormenta que te deja empapado en 5 minutos.

A pesar del reto que supone esta excursión, es una experiencia que no se olvida. De hecho, para los mismos holandeses, hacer esta caminata es una especie de "prueba de fuego". Y si hace frío y viento, no hay problema. Al llegar a destino siempre hay a punto una sopa de guisantes o una taza de chocolate humeante.

Los precios varían mucho en función de la distancia de la ruta y de su mayor o menor exigencia y dificultad. A veces hay rutas relativamente cortas pero muy duras. Entre 12 € y 35 €. *www.wadlopen.net*

Texel

El famoso faro rojo de Texel

El recorrido por las islas se puede iniciar en Texel, a la que se accede en veinte minutos de ferri desde Den Helder. Al ser la más cercana a tierra firme mucha gente hace escapadas de un día, especialmente los fines de semana de verano. Por eso es también la isla menos virgen de todas ellas.

Es un destino muy popular para hacer windsurf, kitesurf y excursiones a caballo, a lo largo de más de 30 kilómetros de playa. Es la más grande de las islas. Hay diversos pueblos, unos más grandes que otros, y en todos hay, un día u otro, un mercado al aire libre donde se mezclan verduras y frutas con ropa y artesanía local.

En el pueblo de *Den Burg* se concentra gran parte de la vida cultural y social. La mansión histórica Texelse Oudheidkamer, del año 1599, es un pequeño museo que enseña cómo era la vida en Texel para los habitantes de antaño. Muebles, obras de arte, antigüedades y diversas exposiciones dan una buena visión global de la vida en las islas.

Arreglar redes de pescadores, hacer cuerdas, visitar los restos de un naufragio, aprender a hacer una maqueta de barco, ser el capitán del ferri en un simulador… todo eso se puede hacer en el museo *Kaap Skil*, en el pueblo marinero de Oudeschild. Un centro dedicado a la vida marítima, con un especial recuerdo al papel de la isla de Texel en los tiempos de la Compañía de las Indias Orientales.

El *faro* rojo brillante situado al norte de Texel es una de las principales atracciones de la isla. Esta construcción de 150 años y 47 metros de altura proporciona una fantástica vista... después de superar sus 153 escalones. Mientras se sube, diferentes paneles informan de la historia del faro.

Una visita muy interesante es el *Ecomare*, un centro de recuperación de animales marinos, especialmente focas comunes, focas grises y marsopas. Todos ellos han sido recuperados al ser heridos o estar enfermos, y viven en el centro de acogida donde permanecen hasta que están curados. Los visitantes pueden asistir al momento en que los cuidadores dan de comer a los animales. Hay actividades didácticas y un museo con mucha información sobre la vida marina y sobre el Waddenzee (mar de Frisia) y el Mar del Norte. Además, tiene un restaurante y acceso directo a las playas y dunas.

Los amantes de las aves tienen cada primavera, alrededor del mes de mayo, el Festival de Avistamiento de Aves. Voluntarios y guías explican a los visitantes las diferentes especies que pueden ver desde los diversos puntos de avistamiento. También se organizan durante el año excursiones para ver aves. Y para los que buscan adrenalina, desde el aeropuerto de Texel se organizan saltos en paracaídas y vuelos panorámicos en avioneta.

La compañía De Vriendschap ofrece excursiones en barco, tanto a la isla vecina, Vlieland, como a ver focas, en ocasiones muy de cerca. De hecho, en todos los puertos hay numerosas compañías que ofrecen diversas rutas.

Ecomare. *Ruijslaan 92, 1796 AZ De Koog, Texel. Tel. +31 22 231 7741*. Horario: De 9.30 a 17 h. Precio: 13,50 € adultos, 9,50 € niños de 4 a 13 años, gratis menores de 4 años. *www.ecomare.nl*

Faro de Texel. *Vuurtoren. Vuurtorenweg 184, 1795 LN De Cocksdorp, Texel. Tel. +31 22 231 7741*. Horario: De marzo a octubre de 10 a 17 h. De noviembre a febrero, miércoles, sábados y domingos de 10 a 17h. Última entrada 20 minutos antes de cerrar. Precio: 4,5 €. Niños menores de 4 años gratis. *www.vuurtorentexel.nl*

Museo Oudheidkamer. *Kogerstraat 1, 1791 EN Den Burg, Texel. Tel. +31 22 231 3135*. Horario: De abril a octubre, de lunes a viernes de 11 a 14 h. Sábado de 14 a 16 h. Precio: Adultos 3,75 €, niños de 4 a 13 años 1,50 €, menores de 3 años gratis. *www.oudheidkamertexel.nl*

Museo Kaap Skil. *Heemskerckstraat 9, 1792 AA, Oudeschild, Texel. Tel. +31 22 231 4956*. Horario: De martes a sábado de 10 a 17 h. Domingos de 12 a 17. Vacaciones escolares también abierto el lunes. Precio: adultos, 9,25€, niños de 4 a 13 años, 6,75 €, menores de 3 años, gratis. *www.kaapskil.nl*

Ferri

Den Helder- Texel. Precio ida y vuelta, 2,50 €. Embarcar coche: desde 37€ ida y vuelta. Embarcar bicicleta: 5€ ida y vuelta. Precios variados con combinaciones de varios tiques. Duración: 20 minutos. Hay un ferri cada hora, y en los días con más concurrencia ponen barcos extra. No se puede reservar con antelación. *www.teso.nl*

Texel- Vlieland. Excursiones de un día, ida y vuelta, a Vlieland. Precio: Adultos, 29,50€, niños de 3 a 10 años, 19,50€. Menores de 3 años gratis. En esta ruta no se permite llevar bicicletas a bordo. *www.waddenveer.nl*

Esta compañía también ofrece viajes solo de ida a Vlieland, para continuar la ruta por las otras islas. Se tiene que reservar por medio de su web, y según qué temporadas no hay mucha disponibilidad. En verano se recomienda reservar con antelación. Precio: adultos 18,50 €, niños de 3 a 10 años 12 €, bicicleta 10 €.

Vlieland

Vlieland es la siguiente isla si hacemos el reccorido desde Texel hacia el este. Está a 25 minutos en ferri de Texel. Se tienen referencias de su único pueblo, Oost Vlieland, desde el año 1245.

La principal atracción de Vlieland es la duna Vuurboets, la más alta de todas las islas. Se alza 40 metros, y se puede subir hasta arriba para disfrutar de una panorámica de 360 grados.

Asimismo, en la zona más occidental de la isla está el llamado Sáhara del Norte: una vasta extensión de arena y dunas llamada Vliehors. Una gran parte es una base de entrenamiento militar, pero también se ofrecen rutas guiadas, algunas incluso en 4x4 estilo safari. La antigua caseta de puesto de rescate está reconvertida en un pequeño museo donde se pueden celebrar bodas íntimas.

El *Museo Tromp Hyus* se centra en la historia y cultura de la isla, principalmente desde la óptica marinera. Se pueden admirar cartas de navegación, maquetas de barcos, relojes, fotos, y también pinturas y dibujos de los antiguos propietarios de la casa y ambientación para rememorar cómo vivían y se reunían a charlar en 1900 los habitantes de la isla. Ofrece diversas exposiciones interesantes, como la que explica cómo los habitantes de Vlieland utilizaban las mandíbulas de ballena como lápidas funerarias, ante los altos precios de las de piedra tradicionales.

Tromp Huys museum. *Dorpstraat 99, 8899AD Vlieland. Tel. +31 56 245 1600.* Horario: De martes a viernes de 10 a 17 h. Sábado de 14 a 17h. Domingo de 13 a 16h. Precio: Adultos 5 €, niños de 4 a 12 años, 2.5 €. *www.trompshuys.nl*

Ferri

Harlingen- Vlieland. Precio ida y vuelta, de abril a septiembre: adultos, 26 €, niños de 4 a 11 años, 13 €, menores de 4 años gratis. Duración: 1,30 horas. También hay un ferri rápido de Harlingen a Vlieland, adultos, 39 €, niños de 4 a 11 años, 26 €, de 0 a 3 años, 13 €, tarifas de ida y vuelta. Duración: 45 minutos. *www.rederij-doeksen.nl*.
Se puede acceder también desde Texel (información en el apartado de Texel).

Terschelling

El faro de Brandaris en West Terschelling

La isla de Terschelling está a 30 minutos en ferri desde Vlieland, y también se accede desde tierra firme, desde el puerto de Harlingen. El faro de Brandaris, de más de 400 años de antigüedad, es lo primero que ve el viajero cuando se aproxima al puerto de *West-Terschelling*, o West, como lo llaman allí.

Terschelling es, en tamaño, la segunda de las islas y, aparte de Texel, la que tiene más animación turística. El pueblo de West está lleno de tiendas, cafés y hasta un acuario. En verano se convocan sesiones de cine al aire libre, bailes temáticos o tertulias bajo las estrellas. Hay vida nocturna aunque se fija principalmente en los pueblos y en los alojamientos turísticos, ya que el 80% de la isla es naturaleza.

Una pequeña carretera que cruza la isla de oeste a este lleva por pequeños pueblos hasta Oosterend, último sitio habitado antes de adentrarse en la *reserva natural de Boschplaat*. Allí los caballos semisalvajes corren libremente y los conejos se esconden en madrigueras gigantes excavadas en dunas cubiertas de brezo.

El *museo natural* de West Terschelling es un lugar básico para entender el ecosistema de las islas Frisias, la fauna y flora que cohabitan, el flujo de las mareas y cómo se formó el mar interior. Además de la exhibición permanente y de un pequeño acuario, ofrecen diversas exposiciones temporales.

En el pueblo de *Formerum* se puede visitar el museo de los naufragios. Fue creado por un coleccionista y buceador que en 1975 empezó a exhibir todo tipo de objetos recuperados de naufragios de barcos en la zona de Waddenzee. Hay objetos que datan de 1650 y hasta los tiempos actuales. Alrededor del museo hay expuestas anclas, cañones y hasta un barco pirata.

El **festival Horizontoer** se celebra en agosto en cuatro de las islas Frisias (menos Schiermonikoog). Actuaciones de artistas reconocidos junto a jóvenes promesas, música, teatro, cabaret, *performances* y actuaciones alternativas. En diferentes espacios, desde salas de teatro hasta la playa. *www.horizontoer.nl*.

En las oficinas locales y en los hoteles es posible reservar rutas a caballo, o en caravanas de carros a caballo por las dunas. Asimismo, es posible ver una demostración de cómo funcionaban los barcos clásicos de salvamento, tirados por caballos frisones para poder superar las dunas y los bancos de arena en la playa. Hay también múltiples actividades como carreras, competiciones y festivales, dependiendo del calendario.

Asimismo, la carrera de barcos de remos, de tipo trainera, entre Harlingen y Terschelling es un clásico. Se celebra cada año en el mes de mayo y convoca a más de 120 barcos que reman los 30 kilómetros contra viento y marea. *www.htroeien.nl*

Boerderij es la palabra holandesa para definir “granja”. En la mayoría de ellas hay posibilidad de tocar y jugar con los corderos, incluso en muchas se puede dar el biberón a los recién nacidos. A menudo venden quesos, carne y productos de la granja, y ofrecen chocolate caliente para reponerse del viento frío del mar del Norte.

Museo natural. *Burg. Reedekerstraat 11, West-Terschelling. Tel. +31 56 244 2390.* Horario: de abril a noviembre, todos los días de 11 a 17h. Precio: 6 €, niños de 4 a 12, 4,50€. *www.natuurmuseumterschelling.nl*

Museo de los naufragios. *Formerum Zuid 13, 8894 KH Formerum, Terschelling. Tel. +31 56 244 9305*. Horario: Precio: 4 €. Niños 2€. *www.wrakkenmuseum.nl*

Granja infantil y museo de la agricultura. *Kooiweg 3, 8896 JL Hoorn, Terschelling. Tel. +31 65 189 5838*. Horario: de martes a domingo, de 11 a 18h. Precio: 4 € a partir de 3 años. Se puede dar de comer a los corderos, peinar a los ponis, acariciar los conejos, aprender cómo se hace la mantequilla o se muele el cereal. *www.hooivak.nl*

Ferri

Harlingen- Terschelling. Precio ida y vuelta, de abril a septiembre: adultos, 26 €, niños de 4 a 11 años, 13 €, menores de 4 años gratis. Si se quiere embarcar bicicleta propia, 9.50€. Duración: 2 horas. También hay un ferri rápido de Harlingen a Terschelling: adultos 39 €;niños de 4 a 11 años, 26 €; de 0 a 3 años, 13 €. Duración: 45 minutos. Asimismo, hay un ferri rápido que une las dos islas de Terschelling y Vlieland: adultos 16 €, niños de 4 a 11 años, 11 €, de 0 a 3 años, 8 €. Duración: 30 minutos. *www.rederij-doeksen.nl*

Ameland

Vista aérea de Ameland

La isla de Ameland está marcada por su pasado ballenero. Era uno de los centros de operaciones de esa industria procedente del Mar del Norte, y los edificios anchos y amplios embarcaderos de ciudades como Hollum así lo atestiguan.

Para llegar a Ameland desde Terschelling se necesitan tres horas de ferri, por lo que es más fácil acceder a esta isla desde tierra firme, con solo 45 minutos navegando desde el puerto de Holwerd.

Los principales museos y centros culturales se centran en la tradición de la isla. El museo *Maritime Centre Abraham Fock* enseña cómo se navegaba cuando no existía el GPS, cómo se utilizaba una brújula y las estrellas, y ofrece demostraciones en directo sobre cómo se realizaba un salvamento marítimo a la antigua usanza, con caballos frisones que arrastraban los barcos hasta el mar, superando los bancos de arena y las dunas.

Asimismo, el *Museo Sorgdrager* es un pequeño y curioso museo sobre la historia y la cultura de Ameland, con especial protagonismo para la industria ballenera. Con muchos huesos de ballena y curiosidades alrededor de estos inmensos animales, como por ejemplo muebles hechos con restos de esqueletos.

Paseando por esa isla se puede tener la sensación de viajar al pasado y visitar cosas tan curiosas como las pequeñas casitas, de ladrillo y con tejado, que se construyeron a principios del siglo XX para alojar a los caballos que servían a los bomberos.

Los amantes de los caballos tienen un aliciente extra en Ameland. La película "Pennys´ Shadow", sobre la historia de amor incondicional entre una chica de 16 años y su caballo se rodó allí basada en un reportaje publicado en la popular revista holandesa especializada en caballos "Penny". En la oficina local de turismo ofrecen visitas al *set* donde se rodó.

Maritime Centre Abraham Fock. *Oranjeweg 18, 9161 CC Hollum, Ameland. Tel. +31 51 955 4243.* Horario: De lunes a viernes de 10 a 17 h. Sábados y domingos de 13.30 a 17 h. Precio: 5,5 €. Niños de 5 a 12 años, 4 €. *www.amelandermusea.eu*

Museo de historia Sorgdrager. *Herenweg 1, Hollum, Ameland. Tel. +31 51 954 2737.* Horario: De marzo a octubre de 10 a 17 h. De abril a octubre, de lunes a viernes de 11 a 17h. Sábados y domingos de 13.30 a 17 h. Festivos especiales y temporada baja horarios restringidos. Precio: 5 €. Niños de 5 a 12 años, 3,75€. *www.amelandermusea.eu*

Ferri

Holwerd- Ameland. Precio ida y vuelta, de abril a septiembre: adultos, 15,30 €, niños de 4 a 11 años, 8,55 €, menores de 4 años gratis. Si se quiere embarcar bicicleta propia, 9.50 €. Coche, desde 97 €. Caravana, desde 150 €. *www.wpd.nl*

Schiermonnikoog

Toda la isla es Parque Nacional

Schiermonnikoog es la última de las islas holandesas si las recorremos de oeste a este. Pero podría ser la primera si el orden se estableciera por su encanto. Es como una pequeña perla en la cadena de las islas, y, de hecho, fue votada por los holandeses como el “sitio más bonito de Holanda”.

Se puede llegar en ferri desde tierra firme, en un trayecto de 45 minutos desde el puerto de Lauwersoog, en cuyo aparcamiento hay que dejar el coche, ya que en la isla no está permitido entrar en coche. Solo pueden circular los de los escasísimos residentes y algún taxi local o de los hoteles.

La isla entera es un Parque Nacional, con excepción de la ciudad, también llamada Schiermonnikog. Aquí la oferta de ocio es muy discreta, porque la isla destaca por el silencio, los inmensos bancos de arena y las anchas playas. Se calcula que en esta pequeña isla de 16 kilómetros de largo y 4 de ancho se encuentra la mitad de todas las especies de plantas y flores que hay en Holanda. Además es la parada en tránsito de centenares de miles de aves, en sus viajes migratorios. Incluso en temporada alta la isla aloja a más aves que personas, y en ciertos periodos del año las rutas están cerradas para proteger los nidos y los polluelos.

Los primeros pobladores de Schiermonnikoog eran monjes del siglo VIII que vivían de la pesca. En el Siglo de Oro todas las islas adquirieron relevancia por las rutas de la Compañía Holandesa de las Indias Orientales y el siglo XIX fue el turno de la pesca de ballenas. Ahora la principal fuente de ingresos es un turismo interesado en disfrutar de una naturaleza prácticamente intacta.

En el pueblo hay un monumento que recuerda a los monjes cistercienses, así como una mandíbula de ballena azul y algún otro centro cultural, como un museo dedicado a las conchas de mar. Pero el principal atractivo de esta isla es… perderse. Pedalear o pasear entre las dunas admirando los faisanes que se cruzan en el camino, los ciervos que observan curiosos o los conejos que corren a esconderse. Tiene dos faros, uno rojo y uno blanco, aunque solo el primero funciona las 24 horas. Hay numerosos puestos de observación de aves.

En la oficina de turismo local se pueden contratar excursiones en barco para navegar entre mareas y ver las focas. El precio aproximado es unos 20€, niños de 4 a 12 años, 9€. También se pueden contratar rutas guiadas para ver aves, para montar a caballo, para caminar por las marismas…

Muy cerca del puerto de Lauwersoog, donde se toma el ferri para ir o regresar de Schiermonnikoog, está el *centro de investigación y rehabilitación de focas* de Pieterburen. Visita muy interesante. Con regularidad, devuelven al mar las focas que han curado, en fiestas populares donde los niños pueden ayudar a abrir las cajas donde son trasladados los animales para que vuelvan a su hábitat.

Centro de rehabilitación de focas Pieterburen. *Hoofdstraat 94a. 9968 AG Pieterburen. Tel.+31 59 552 6526*. Horario: de abril a noviembre, de 10 a 17 h. Resto del año, de miércoles a domingo. Precio: 8.50 €, niños de 4 a 12 años, 6 €. Menores, gratis. Si se quiere ayudar en una jornada de liberación de focas en el mar, 39€. *www.zeehondencentrum.nl*

Ferri

Lauwersoog- Schiermonnikoog. Precio ida y vuelta, de abril a septiembre: adultos, 15,30€, niños de 4 a 11 años, 8,55€, menores de 4 años gratis. Duración: 45 minutos. Si se quiere embarcar bicicleta propia, 9.50€. *www.wpd.nl*

En el puerto hay diversas zonas donde aparcar el coche. Además de algunas zonas solamente de carga y descarga de maletas y personas, el aparcamiento en la zona 4 es gratis, aunque las plazas son limitadas. Si no, hay que ir al aparcamiento del puerto, cubierto. Zeedijk, 11. 9976 VM Lauwersoog. Horario: de lunes a sábado de 5.30 a 23h, domingos de 7.30 a 23h. Precio: 5 € por día.

ALQUILER BICICLETAS

Texel

• **Rijwielverhuur Veerhaven Texel**. *Al salir del ferri: Pontweg, 2. 1797 SR Den Hoorn. También en el extremo norte de la isla: Vuurtorenweg, 54. 1795 LM De Cocksdorp. Tel. +31 22 231 9588*. Precio aproximado: bicicleta adulto: 11 € por día. Bicicleta de niño: 8 €. tándem: 22 €. Bicicleta eléctrica: 21,50 €. Moto: 50 €. Para estas dos últimas hay que pagar 100 euros de depósito en efectivo. *www.fietsverhuurtexel.nl*

Vlieland

• **Jan van Vlieland**: *A la llegada del ferri. Havenweg, 7. 8899 BB Vlieland. Tel. +31 56 245 1509*. Precio aproximado: 8 € por día. Tienen un autobús blanco que lleva los equipajes directamente al alojamiento. *www.janvanvlieland.nl*

Terschelling

• **Zeelen**: *A la llegada del ferri. Willem Barentszkade,15. 8881 BC West Terschelling. Tel. +31 56 244 8165*. Horario: coordinado con las llegadas del ferry. También se puede alquilar fuera de esos horarios, previa reserva telefónica. Precio aproximado: 8 € por día, 20€ bicicleta eléctrica. Además, la empresa Zeelen tiene tiendas donde alquilar o reparar bicicletas en todos los pueblos de la isla. *www.zeelenfiets.nl*

Ameland

• **Kiewit**. *Oude Steiger 1, 9163 GV. Nes. Tel. +31 51 954 2130*. Se puede alquilar una bicicleta directamente a la salida del ferri en el muelle de Nes. Precio aproximado: 10 € por día. Servicio gratis de transporte del equipaje al hotel. Horario: De 8.30 a 18 h. Viernes de 8 a 20.30. Domingo de 9 a 18.30 h. *www.fietsenopameland.nl*

• **De Jong**. Llevan la bicicleta que has alquilado a la puerta de tu hotel, o te la traen al muelle. Precio aproximado: 8,5 € por día. Horario: De 8.30 a 18 h todos los días. Diciembre y enero, cerrado. *www.fietsverhuurdejong.nl*

Schiermonnikoog

• **Veerdam**: Se puede alquilar una bicicleta directamente a la salida del ferri. Precio aproximado: 8,5 € por día. Abren cada día media hora antes de la llegada del barco, exceptuando el que llega a las 6.30 h de la mañana. De noviembre a marzo solo mediante reserva previa por teléfono o por la web. *www.fietsenverhuurschiermonnikoog.com*

• También se pueden alquilar en diferentes establecimientos en el pueblo de Schiermonnikoog, como en Middenstreek, 10, Badweg, 6 y en Noorderstreek, 32. Abierto de lunes a sábado de 9 a 12 y de 13 a 18h. Domingos de 9.30 a 12 y de 15 a 18h. Precio: 7,5 € un día, bicicleta adulto. 5 € día, bicicleta niño Se pueden alquilar allí mismo, o reservarlas por internet. *http://fietsenopschiermonnikoog.nl*

ACTIVIDADES

Texel

- **Rutas para ver focas**. **De Vriendschap**. *Se compran los tiques en: De Noorman. Volharding 2A, De Cocksdorp, Texel. Tel. +31 61 352 4734*. Horario: julio y agosto, todos los días de 10 a 17h. En temporada baja cambian los horarios. Precio ruta para ver focas: Adultos 15 €, niños de 3 a 10 años, 11 €, menores de 3 años gratis. *https://waddenveer.nl*
- **Rutas para avistar aves**. *Kikkertstraat 42, 1795 AE. De Cocksdorp. Texel. Tel. +31 22 231 6249*. Horario: De lunes a sábado de 10 a 18 h. Precio aproximado: Adultos 15€, niños hasta 12 años, 10€, excursión de 2 horas. http://vogelexcursiestexel.nl/. Festival aves: *www.waddenvogelfestival.nl*
- **Paracaídas y avioneta**. **Paracentrum Texel**. *Postweg 128, 1795 JS De Cocksdorp Texel. Tel. +31 22 231 1464*. Precio: Salto tándem en paracaídas 209 € + 95 € con fotos y DVD. Vuelos panorámicos: Desde 15 minutos, 49,50€ por persona, hasta 60 minutos, 104,50€. Mínimo 2 personas por vuelo. Niños hasta 8 años, 50% descuento. *www.paracentrumtexel.nl*.
- **Escuelas de surf**. **Foamball**. *Ruijslaan, 44. 1796 AD, De Koog. Texel. Tel. +31 22 236 5138. https://surfschoolfoamball.com*. **Surf School Texel**. *Ruijslaan 96. Paal 17. 1796 AD, De Koog. Tel. +31 61 095 6959*. Precios: Desde 25 € una clase de 1,30 h. Descuentos a partir de más clases. *www.surfschool-texel.nl*

Vlieland

- **Vlieland Outdoor Center**. *En la playa, a 400 metros del hotel WestCord Strandhotel Seeduyn: Badweg 3, 8899 BV Oost-Vlieland. Tel. +31 65 146 0152*. Organizan todo tipos de cursos y actividades: kitesurf, blokart, laser game, tiro con arco, cocina al aire libre… En verano, todos los días de 11 a 21 h. *www.vlielandoutdoorcenter.nl*
- **Rutas por el "Sahara"**. **De Vliehors Express**. *Middenweg, 41. 8899 BA Vlieland. Te. +31 62 182 0842*. En verano, todos los días. Precio: Adultos 17,50 €, Niños de 4 a 12 años, 11 €, de 0 a 3 años, 5 €. https://www.vliehorsexpres.nl/

Terschelling

- **Alquiler de coche. Visser**. *Verlengde Boomstraat 1, West-Terschelling. Tel. +31 64 687 5904*. Se puede alquilar un coche y te lo llevan adonde tú quieras, tanto a la llegada del ferri como a tu alojamiento. Precio aproximado: 45 € al día. *www.autoverhuur-terschelling.nl*

Excursiones en barco. En los muelles del puerto de West hay múltiples barcos que ofrecen diferentes excursiones turísticas. Hay que acercarse a sus diferentes mostradores para contratar las salidas o preguntar en información turística. Destacan:

• **Excursión en un barco de pescadores**, con explicación de lo que se pesca en la zona (las gambitas pequeñas son las reinas). Duración aproximada: 2 horas. Mínimo 4 personas. Lugar de embarque: De Kom. West.Terschelling. Adultos, 20 €, niños de 5 a 11 años, 17 €.

• **Paseo en el barco De Riepel**. *Cornelis Douwestraat, 12. Tereschelling-West. Tel: +31 65 385 6325*. Una ruta de 90 minutos que se acerca mucho a los bancos de focas.

COMPRAS

Texel

• **Lana**. Después de admirar los corderos en las verdes praderas de Texel, se puede comprar todo tipo de productos relacionados con la lana. Desde madejas para tejer de vuelta a casa hasta productos confeccionados, como botas, abrigos, zapatillas o alfombras. En tres pueblos: Oudeschild, Den Burg y De Koog. *www.texelana.nl*

Vlieland

• **Vlielander Kaasbunker**. *Vuurboetsduin, Vlieland. Tel. +31 62 151 1618*. Cuando acabó la II Guerra Mundial, un granjero vio que en uno de los búnqueres construidos en la playa había las condiciones perfectas para curar sus quesos. Temperatura constante, un alto nivel de humedad y el aire salado del mar le dan un sabor peculiar. Rutas guiadas, compra y degustación de quesos. Sábado de 10.30 a 12 h. Miércoles de 14 a 16 h. Vacaciones verano, horarios extra de obertura. *www.vlielanderkaasbunker.nl*.

Terschelling

• **Arándanos**. **Cranberry Terschelling**. *Mersakkersweg,5. 8893 KX Formeun. Tel. +31 56 244 8800*. En Terschelling el producto estrella es el arándano. Con él hacen mermeladas, salsas, aceites aromáticos y hasta un vino dulzón, parecido a la sidra. También, jabones y productos de belleza. En la tienda museo de Formerum, además de vender, explican el proceso de recogida de este fruto del bosque y toda la tradición a su alrededor. De lunes a sábado de 13.30 a 16.30 h. En los demás pueblos, también hay tiendas donde venden productos de arándano. *http://terschellingercranberry.nl*

Ameland

• **Molino De Verwachting**. *Molenweg 6. 9161 AW, Hollum, Ameland. Tel. +31 51 954 2737*. Horario: De lunes a viernes de 10 a 17 h. Sábado de 11 a 17 h. Antiguo molino con una tienda donde venden los productos que se preparan allí tradicionalmente: harina de maíz, mezclas de harinas para hacer creps y hasta 14 diferentes tipos de mostaza de Ameland.

Schiermonnikoog

• **Arte**. **Kunstfaam**. *Badweg 5. 9166NC Schiermonnikoog*. Esta galería y taller de arte ofrece diversas exposiciones y también vende alguna de las obras, así como artesanía local inspirada en la naturaleza.

RESTAURANTES

Texel

• **Het Pakhuus**. *Haven 8, 1793 AE Oudeschild. Tel. +31 22 231 3581*. Pescado fresco y marisco de las islas Frisias, pero también el famoso cordero de Texel, que tiene un sabor salado debido a que los pastos con los que se alimentan las ovejas son salobres. Buena oportunidad de probar el *paling* –anguila ahumada- y las ostras locales. Precio aproximado: 37 € menú de 3 platos. *www.pakhuus.com*

• **Wadlekker**. *Dorpsstraat, 77. 1796 CA. De Koog. Texel. Tel. +31 22 231 7665*. Sopas, pastas, bocadillos y una larguísima carta de *pannekoeken*, desde los más sencillos hasta los más elaborados con productos típicos de las islas, como carne de cordero o salmón fresco. Lugar familiar para entrar en calor y descansar de la ruta en bicicleta. Precio aproximado: *pannekoek* con cordero, 14,40 €. Sopa del día, 6 €. *https://wadlekker.nl*

Vlieland

• **Poffertjeshuis De Lickebaert**. *Dorpsstraat, 4. 8899 AH, Vlieland. Tel. +31 56 245 1888*. Horario: Abierto de 10 a 20 h. Lugar perfecto para probar dos especialidades holandesas para amantes de lo dulce: los *pannekoeken* y los *poffertjes*. Los *pannekoeken* son como creps, pero más gruesas, y pueden comerse dulces o saladas. Los *poffertjes* son una *delicatessen*: pequeños buñuelos redondos espolvoreados con azúcar glas. También ofrecen bocadillos. Precios: *panekoek* desde 7€, *poffertjes* desde 3,50 €. *www.hetvlielandhotel.nl*

Terschelling

• **De Heeren van der Schelling**. *Oosterend, 43. Oosterend. Terschelling. Tel. +31 56 244 8780*. Horario: abierto desde las 10.30. Martes cerrado. Restaurante situado en una granja de más de 100 años de antigüedad. Precio aproximado: platos principales unos 20€, también sopas, bocadillos, ensaladas, huevos, *panekoeken*. *https://deheerenvanderschelling.nl*

• **West aan Zee**. *Badweg West, 7. 8881 HG West Terschelling. Tel. +31 56 244 8383*. Chiringuito de playa justo al lado del lugar donde llegan los ferris. Precio aproximado: tabla de ahumados, 14€, sopas 5,€, bocadillos, 8€. Ambiente especial con múltiples actividades en verano. Allí mismo hacen su salmón y caballa ahumados, que se puede probar en los deliciosos bocadillos con queso fresco. *http://westaanzee.nl*

Ameland

• **Eatcafe de Boerdereij**. *Camminghastraat, 22. 9162 EM, Ballum. Ameland. Tel. +31 51 955 4214*. Ubicado en una antigua granja de 1775 y decorado como si aún fuera operativa. Ambiente acogedor. Hasta las 12 h., ensaladas, creps, bocadillos y sopas. A partir de las 12h, cocina caliente, con especialidades de carne marinada y al grill. Precio aproximado: entre 5 y 15 €. *www.eetcafedeboerderij.nl*

• **Strand Ballum**. *Strandweg, 24. 9162 EV Ballum, Ameland. Tel. +31 51 955 4024.* Horario: A partir de las 10h y hasta que se pone el sol. Un sitio perfecto para experimentar los llamados “strandpaviljoen”, el equivalente a los chiringuitos de playa pero con un interior más sofisticado a causa de las necesidades del clima. Decoración marinera y menú muy variado dependiendo de la hora del día. Precios: desde picar algo por 5 € hasta un plato completo por 24 €. *www.strandballum.nl*

Schiermonnikoog

• **Strandpaviljoen De Marlijn**. *Prins Bernhardweg 2, 9166 SH Schiermonnikoog. Tel. +31 51 953 1397.* El chiringuito situado más al norte de Holanda. Pabellón con mucho encanto y con el menú típico de bocadillos, sopas y ensaladas, pero también pescado fresco, marisco y cocina caliente. *www.demarlijn.com*

• **De Berkenplas**. *Prins Bernhardweg 1, 9166 SH Schiermonnikoog. tel. +31 51 953 1570.* Lugar sencillo ideal para que los niños jueguen y naden en el lago que está al lado. Precio aproximado: bufé de pasta desde 10 €, bufé de *panekoeken* desde 6.50 €. *www.schiermonnikoog-horeca.nl*

ALOJAMIENTOS

• Un tipo de alojamiento muy popular en las islas Frisias es alquilar un **bungaló en medio de la naturaleza**. Habitualmente están completamente equipados, a veces con lujos añadidos como sauna o hidromasaje, y tienen el aliciente de poder experimentar la quietud de estar en medio de un parque natural, o a los pies de las dunas. Los precios suelen oscilar entre los 100 euros al día o 450 € para los más lujosos. Estos son algunos ejemplos de estos bungalós en: *Texel*, *Ameland* y *Vlieland*, de la web *www.belvilla.com*

Texel

• **Grand Hotel Opduin**. *Ruijslaan 22, 1796 AD De Koog, Texel. Tel. +31 22 231 7445.* Hotel al pie de las dunas y al lado de la playa. Hotel de lujo de 4 estrellas situado en la isla de Texel. Desayuno bufé de productos locales de Texel, con panes rústicos, quesos locales, productos lácteos y mermeladas caseras. El Grand Hotel Opduin forma parte de la Slow Food Chefs Alliance, lo que implica que solo utiliza alimentos buenos y propios, sin aditivos. Precio aproximado: Desde 130 euros. También tienen apartamentos. *www.opduin.nl*

Terschelling

• **Vakantiepark Tjermelân**. *Oosterend 2, 8897 HZ Terschelling. Tel. +31 56 244 8484*. Parque de bungalós en medio de las dunas, a un tiro de piedra de la playa. Ofrece alquiler de bicicletas normales y eléctricas, wifi, animación infantil y actividades variadas. Servicio de desayunos. Sauna con pago adicional. Precio aproximado: Desde 200 euros por noche, chalé para 4 personas. *www.terschelling-recreatie.nl*

Schiermonnikog

• **Hotel Graaf Bernstorff**. *Reeweg 1, 9166 PW Schiermonnikoog. Tel. +31 51 982 0050*. Hotel de 4 estrellas con encanto y con mucha historia. Un clásico en la isla, es el primer hotel y el más antiguo con una historia que se remonta a la primera mitad del siglo XVIII. Servicio gratis de traslado del puerto del ferri al hotel y viceversa, en un autocar o… en limusina. Precio aproximado: Desde 140 euros por habitación doble, desayuno incluido. *www.bernstorff.nl*

• **Herberg Rijsbergen**. *Knuppeldam 2, 9166 NZ Schiermonnikoog. Tel. +31 51 953 1257*. El Herberg Rijsbergen ocupa una mansión histórica de 1750 situada a solo 2 km de las playas de Schiermonnikoog. Alojamiento moderno con wifi y jardín grande. Desayuno abundante. Precio aproximado: Desde 110 euros por habitación doble, desayuno incluído. *http://hotelrijsbergen.nl*

MÁS SOBRE HOLANDA

HISTORIA DE HOLANDA

LOS ORÍGENES

Para hablar de Holanda lo primero que hay que tener en cuenta es que, en realidad, no se llama Holanda. El nombre del país es Países Bajos (Nederland). El peso económico y político de la provincia de Holanda hizo que su nombre se impusiera en términos prácticos para denominar todo el territorio. Además, los límites actuales del país provienen del año 1831, tras la separación de Bélgica. Por motivos culturales, geográficos y políticos, su historia está muy ligada a la de Flandes, región septentrional de Bélgica y con la que comparten idioma.

Los primeros asentamientos humanos en Holanda proceden de los bálticos, las tribus celtas y los frisones. A partir de la llegada de las legiones romanas surgieron ciudades como las actuales Leiden, Utrecht, Nijmegen o Maastricht, siempre siguiendo el curso de los grandes ríos que desembocaban al mar.

LA EDAD MEDIA

Las invasiones bárbaras que socavaban el Imperio Romano tomaron la zona y se la repartieron entre francos, sajones y frisones. La Edad Media estuvo marcada por tres grandes ejes que se orientaban a estos diferentes vecinos: los francos, herederos de la hegemonía romana, se establecieron al Sur, entre el Rin y el Mosa, y tenían contactos e influencias con Francia. Los frisones ocuparon la zona de la costa, con intercambios comerciales con Europa septentrional y el centro del país, y orientada hacia Inglaterra. Los sajones, orientados hacia Alemania, se instalaron en el Este. No fue hasta el siglo XVII que la fortaleza económica de la provincia de Holanda condujo a la unificación del país, incluso a nivel lingüístico.

Con el tratado de Verdun, el año 843, el territorio actual de los Países Bajos pasó a Lotario, nieto de Carlomagno y heredero de la corona imperial y de un reino que abarcaba desde Frisia a los Alpes. Al mismo tiempo empezaron las invasiones de los normandos.

La geografía del terreno, muy fraccionado por las aguas, hizo más tardía la penetración del sistema feudal comparada con otras zonas de Europa. Pero del siglo X al XV fueron creciendo diferentes focos, como el obispado de Utrecht, el ducado de Brabante y el condado de Holanda. El crecimiento demográfico entre los siglo XI y XIII favoreció la autonomía de estos estados, la abolición de la servidumbre de la tierra, que liberó a la clase campesina, la roturación de las tierras y los primeros intentos de construir pólders, ganando terreno al mar. El primer documento oficial que hace referencia a la futura Amsterdam, por ejemplo, data de 1275,y trata de la exención del pago de peajes y libertad de paso para sus habitantes. Amsterdam había nacido de una aldea de pescadores a orillas del río Amstel, en una zona pantanosa en la que ya empezaron a construir diques.

La floreciente industria textil de las provincias del Sur, Flandes y Brabante, y la expansión de esa prosperidad económica hacia el Norte, propició un renacimiento económico importante y la creación de una red de pequeños centros en el Norte y el crecimiento de las ciudades portuarias, asociadas a la Hansa alemana. Los gobiernos comunales, basados en la burguesía y las corporaciones, ganaron importancia y en 1350 los representantes de las ciudades fueron llamados para formar parte del consejo del Conde de Holanda. Ese fue el origen de los Estados Generales, que luego tuvieron mucha importancia.

LOS BORGOÑA, LOS HABSBURGO Y LA REFORMA

Entre 1380 y 1428 los Países Bajos pasaron gradualmente del Sacro Imperio Romano al ducado de Borgoña, a través de las políticas matrimoniales que permitieron a los Borgoña administrar Flandes, Países Bajos y Luxemburgo, además del Franco Condado. Cuando murió Carlos el Temerario, duque de Borgoña, su hija y heredera, María, se casó con Maximiliano de Habsburgo, llevándose como dote los Países Bajos. En esta época, el país se siguió desarrollando deprisa, convirtiéndose en una de las regiones más urbanizadas de Europa, con una agricultura moderna y un nivel de vida muy alto. En 1515 el país pasó a manos de Carlos V, futuro emperador de España y Alemania, como herencia de su abuela María de Borgoña.

En la primera mitad del siglo XVI empezaron a difundirse las doctrinas religiosas de la Reforma, primero el anabaptismo pero después superado rápidamente por el calvinismo de la Iglesia Reformada Holandesa. En 1555 Carlos V dejó a su hijo Felipe II la corona de España y los Países Bajos. La actitud de los gobernantes españoles no fue nada conciliadora y las tensiones religiosas y las reivindicaciones de las 17 provincias de los Países Bajos para tener más autonomía caldearon el ambiente. Felipe II envió tropas a los Países Bajos al mando de Fernando Álvarez de Toledo, Duque de Alba, que se distinguió por sus excesos y su brutalidad. Todavía hoy, cuando un niño holandés se porta mal, se le amenaza con que va a venir el Duque de Alba (como decir en España que viene “el coco”).

La represión española consiguió que el calvinismo, todavía minoritario, ganara fuerza sobre todo en las clases sociales acomodadas de las ciudades, que al principio, irónicamente, eran católicos moderados. El miedo a perder autonomía y privilegios si entraban en la poderosa maquinaria estatal española hizo que católicos y calvinistas firmaran el pacto de unión nacional en Gante, en 1576.

LA GUERRA DE LOS 80 AÑOS

En 1568, el príncipe Guillermo I de Orange, el Silencioso, después de haber abjurado de la fe católica, tomó las armas contra España, empezando la llamada Guerra de los 80 años. La última fase coincidió con la Guerra de los 30 años, que afectó a toda Europa.

Las siete provincias protestantes del Norte de los Países Bajos crearon la Unión de Utrecht, que rechazaba la soberanía española y eligió el holandés como lengua oficial. Algunas provincias del Sur querían pactar con España, que logró reconquistar rápidamente los territorios del Sur, con Amberes como símbolo por excelencia, y asesinar en Delft a Guillermo.

Pero los intentos de España por recuperar los Países Bajos no se conseguían, y tampoco ayudaba la geografía del país, que no permitía grandes despliegues de fuerzas. Después de años de guerra casi sin batallas, en 1609 España y las Provincias Unidas firmaron una tregua de doce años.

La guerra contra el dominio español se había extendido durante los reinados de Felipe II, III y IV, hasta que el 1648 el Tratado de Munster, parte de la Paz de Westfalia, reconocía la independencia del territorio con el nombre de República de las Provincias Unidas.

La interpretación de la guerra de los 80 años, de 1568 a 1648, sin embargo, está siendo revisada recientemente. En otoño de 2018 el instituto Cervantes y el Rijksmuseum de Amsterdam organizaron conjuntamente una exposición para colocar el conflicto realmente en su contexto histórico internacional. Durante años, en los colegios se ha explicado este episodio como una historia de buenos (los heroicos y tolerantes holandeses calvinistas) y malos (los españoles católicos brutales). En realidad, según explicaba el comisario de la exposición, Gijs van der Ham, en la inauguración, Felipe II era el soberano legítimo, no un tirano invasor, y el conflicto surgió para ganar libertades y poder económico pero derivó en una guerra civil que al final condujo al nacimiento de los Países Bajos y Bélgica. Se quiere así cerrar toda la leyenda negra que flota en torno a esta rebelión.

A lo largo del siglo XVII se produjo un rápido vuelco en la relación de riqueza y productividad entre el Sur y el Norte: la burguesía más potente y desarrollada, que entonces estaba en Brujas y Amberes, los calvinistas flamencos, los comerciantes judíos, y todo aquel que quería prosperar comercialmente, se trasladaron a Amsterdam, huyendo de la represión y la reconquista española.

El capital, los contactos internacionales, las grandes filiales mercantiles, los bancos extranjeros, se concentraron todos en la provincia de Holanda, donde el calvinismo prometía ayudar al desarrollo económico acompañado del compromiso social.

El Siglo de Oro

El siglo XVII fue considerado el Siglo de Oro, por el gran crecimiento que experimentó el país, tanto desde el punto de vista económico como social y cultural, con un florecimiento de las artes, la cultura y la ciencia. La paz de Westfalia coincidió con la decadencia de la liga hanseática de las ciudades alemanas y del Báltico. Así, el nuevo país independiente heredó el volumen de negocios del área flamenca pero también de las ciudades hanseáticas, penetrando en el Mediterráneo y comerciando en competencia directa con Venecia.

Pero sin duda lo que contribuyó poderosamente al crecimiento de los Países Bajos fue el comercio mundial a través de la VOC, Compañía de las Indias Orientales. Fundada en 1602, sus barcos contaban con el monopolio del comercio con Oriente y, además, el poder de ejercer la autoridad militar y administrativa en las Indias Orientales. En poco tiempo, Holanda creó una extensa red comercial por todo el mundo: en Asia (la costa de India, Ceylan, las Molucas, Java y Japón) monopolizaron prácticamente el comercio de las especias. En América negociaban con Brasil y en la costa Este de Norteamérica fundaron varios fortines comerciales, como Nieuw Amsterdam, que más adelante perdieron en la guerra contra Inglaterra y se convirtió en Nueva York. En Sudáfrica fundaron un asentamiento en Ciudad del Cabo para abastecer a los barcos de la ruta hacia el Extremo Oriente.

Hay que recordar que este crecimiento comercial se vio acompañado a menudo de abusos y métodos brutales. Por ejemplo, las islas Molucas fueron obligadas a cultivar solamente nuez moscada y clavos de olor. Para conseguirlo, la VOC destruyó todos los cultivos tradicionales y perpetraba matanzas y deportaciones si los nativos se rebelaban.

EL REINO DE HOLANDA

A mediados del siglo XVII las Provincias Unidas ya eran la mayor potencia económica de Europa, pero eso no bastaba en el siglo XVIII. Diversos conflictos coloniales, las guerras contra Inglaterra, tensiones internas entre los monárquicos y los republicanos y el tamaño pequeño del país iban pasando factura. En aquellos años, además, la competencia económica y comercial de Francia e Inglaterra se fortaleció, y las actas de navegación inglesas y la política fiscal francesa acabaron con la primacía del comercio holandés.

El fin de la guerra de sucesión española con la firma del tratado de Utrecht, en 1715, tuvo como consecuencia un nuevo equilibrio de poder en Europa, y en lo referente a los Países Bajos (en aquella época las Provincias Unidas), recibieron la barrera flamenca que pertenecía a España.

La Revolución Francesa llegó a una Holanda con fuertes tensiones sociales, y tras enfrentamientos y revueltas se proclamó la República de Batavia en 1795. Tres años después la VOC cedió todas las posesiones de ultramar al Estado. Siguieron diez años con sucesivos golpes de estado hasta que en 1806 se constituyó el Reino de Holanda, al mando de Luis Bonaparte, hermano de Napoleón, y en 1810 se incorporó al Imperio francés.

Tras la Paz de Viena firmada el 1815, se instituyó finalmente el Reino de los Países Bajos, bajo el cetro de Guillermo I de Orange-Nassau. Las diferencias culturales y religiosas llevaron a Bélgica a la revolución y, en 1839, Holanda aceptó su independencia. En 1890 se proclamó independiente el gran ducado de Luxemburgo. Por su parte, en 1867, Limburgo se separó de la Confederación germánica y entró a formar parte del reino holandés. Quedaron así las fronteras actuales.

El siglo XIX se considera el “segundo siglo de oro” holandés: se suavizó el conflicto interior y hubo un gran crecimiento demográfico; el colonialismo cada vez era más brutal, con diversas guerras y enfrentamientos; las libertades civiles y las reformas sociales progresaron rápidamente gracias a la Constitución liberal de 1848. La sociedad seguía dividida, aunque de forma pacífica, entre católicos, protestantes y socialistas, y cada grupo contaba con su propio partido político, sindicato, escuela y asociación. La industrialización ayudó al crecimiento: por ejemplo, Philips se fundó en 1891 y Shell en 1907. En la Primera Guerra Mundial Holanda se mantuvo neutral y aprobó el sufragio universal masculino en 1917, extendido a las mujeres dos años después, y una nueva legislación laboral en 1919.

LA SEGUNDA GUERRA MUNDIAL Y LAS COLONIAS

La Segunda Guerra Mundial fue una etapa dura para Holanda. La invasión alemana de mayo de 1940, la destrucción por parte de los bombardeos de lugares estratégicos como Róterdam, la dureza de la ocupación nazi hasta la primavera de 1945 y el exterminio casi total de la comunidad judía holandesa son algo todavía muy presente en las generaciones de personas mayores.

Cuando acabó la guerra, el país inició su recuperación, como toda Europa. Se restablecieron los partidos políticos, y Holanda empezó a desarrollar el llamado "verzorgingstaat", el estado asistencial, que lo ha convertido en uno de los países con nivel de asistencia pública más alto del mundo. El estado del bienestar es algo que se palpa en el día a día del país, aunque la crisis económica de principios de siglo XXI también haya hecho mella en el sistema.

Los Países Bajos, Bélgica y Luxemburgo fundaron el Benelux en 1948. Un año después Holanda entró en la OTAN y en 1958 en el Mercado Común Europeo. Su posición geográfica estratégica y el dinamismo social y económico ayudaron a su crecimiento.

Los enfrentamientos de las colonias, que querían la independencia, fueron uno de los conflictos más difíciles. Indonesia lo logró en 1949. En 1954 las Antillas holandesas y Surinam lograron un autogobierno propio muy amplio, y Surinam obtuvo la independencia total el 1975. Muchos de sus ciudadanos que decidieron ser holandeses emigraron a los Países Bajos. También se independizó, en 1962, Nueva Guinea.

LA ACTUALIDAD

El 1953 unas violentas tormentas destruyeron los diques de la provincia de Zeeland y casi 2.000 personas perdieron la vida ahogadas. Como consecuencia de esta tragedia se ideó el Plan Delta, un ambicioso proyecto que hoy día se puede admirar y que protege de las crecidas del mar y de los ríos toda la zona sur del país.

En 1995 tuvieron que ser evacuadas 250.000 personas en el sur del país, ante el temor de nuevas inundaciones, esta vez no por el mar sino por la espectacular crecida de los ríos Rin, Waal, IJssel y Mosa.

Entre finales del siglo XX y principios del siglo XXI Holanda se ha centrado en acciones políticas y económicas para contener el déficit público, con la reducción de algunas conquistas sociales del pasado. Es uno de los pocos países que ha legislado cuestiones como la eutanasia, la prostitución o el uso de estupefacientes, con todo el debate moral que ello supone.

Pese a seguir siendo un país con una larga tradición de consenso en la política, en los últimos años han entrado en la agenda cuestiones que tensan el equilibrio, como la xenofobia y el integrismo religioso. El crecimiento de algunos partidos populistas, presentes en casi toda Europa, es una de las grandes preocupaciones de este país donde siempre ha reinado un cierto espíritu de convivencia y tolerancia.

En mayo de 2002 el político de extrema derecha Pim Fortuyn, con ideas polémicas sobre inmigración y abiertamente anti islámico, fue asesinado por un ciudadano holandés de izquierdas. El suceso creó una gran conmoción en el país. Dos años después, un ciudadano musulmán asesinó al director de cine Theo van Gogh, admirador de Fortuyn. Actualmente, la sociedad asiste con algo de estupefacción al crecimiento en votos del partido de Geert Wilders, considerado xenófobo y populista.

EL ESTADO HOLANDÉS

El Reino de los Países Bajos es una monarquía constitucional. La corona es hereditaria también por la línea femenina; de hecho, excepto el rey actual, Guillermo, las anteriores portadoras de la corona en los últimos decenios han sido reinas.

El poder ejecutivo es ejercido por el gobierno, presidido por el primer ministro y los secretarios de Estado. El poder legislativo corresponde al Parlamento, compuesto por dos Cámaras: la Cámara de los Senadores (Eerste Kamer) y la Cámara de los Diputados (Tweede Kamer). El poder judicial es ejercido por un Tribunal Supremo.

El país está dividido administrativamente en 12 provincias: Noord-Holland, Zuid-Holland, Zeeland, Noord-Brabant, Limburg, Utrecht, Gelderland, Overijssel, Flevoland, Drente, Groningen y Friesland. La capital del Estado es Amsterdam, pero el Parlamento, la Corte y el Gobierno se encuentran en La Haya.

Del antiguo imperio colonial solo quedan algunas pequeñas islas en el Caribe, en el grupo de las Pequeñas Antillas (Saba, Sint Eustatius y una parte de Sint Maarten), y otras islas frente a la costa de Venezuela (Curaçao y Bonaire). La isla de Aruba cuenta con un estatus especial para el proceso de independencia.

LA RELIGIÓN

Una parte importante de la historia de los Países Bajos proviene de la época de la Reforma protestante. Desde entonces, la sociedad se desarrolló en una especie de orden vertical, en que cada comunidad religiosa tenía su propia iglesia, escuela, cooperativa, actividad social... Sorprende ver pequeñísimos pueblos donde conviven dos monumentales iglesias (como mínimo), una católica y una protestante, como una competición por ver quién honra con más esplendor a Dios.

Actualmente, cerca de un 40% de la población se declara agnóstica. El 30% son católicos, el 20% protestantes repartidos entre fieles de las iglesias reformadas presbiterianas u holandesas, y el 8% otras confesiones, entre las que destacan la judía y la musulmana.

La religión musulmana está creciendo, sobre todo por el aumento de la inmigración de otros países. En verano de 2018 se aprobó una ley que prohíbe el uso del velo integral en los espacios públicos, como escuelas, hospitales, edificios gubernamentales y medios de transporte. Esto incluye el niqab, el burka pero también los pasamontañas y los cascos integrales. El pañuelo islámico, que cubre el cabello de la mujer, sí está permitido.

SOCIEDAD

Desde la perspectiva de un país grande, puede parecer que la sociedad holandesa es muy homogénea. En efecto, los Países Bajos ocupan un tamaño similar a, por ejemplo, un poco más que Catalunya. Sin embargo, los holandeses se consideran muy diferentes entre sí dependiendo de las zonas en las que viven o de las que proceden. Un ganadero de las colinas del sur puede tener poco en común con un diseñador de Rotterdam o un pescador de las islas, pero seguro que todos dan mucha prioridad a la amistad en torno a una cerveza y una buena tertulia.

La sociedad holandesa es dinámica y emprendedora. No rehúyen de sus propias responsabilidades, quizá por el espíritu calvinista dominante, pero también saben disfrutar del momento y vivir con intensidad. Su bagaje mercantil les hace ser prácticos, ahorradores y tolerantes con las diferencias culturales. En ocasiones esta tolerancia puede rayar la indiferencia, pero en general los holandeses están muy acostumbrados a convivir con muy diferentes personas, de diversas costumbres, razas y religiones, y lo convierten en algo cotidiano y normal.

La construcción de un poderoso estado del bienestar ha llevado consigo una sociedad cómoda, donde muchos temas cotidianos están regulados y bien gestionados. Los holandeses lo saben y lo explican con orgullo. La crisis económica mundial de los últimos años, sin embargo, también ha hecho mella en los Países Bajos, y muchas prestaciones sociales han experimentado un retroceso. Aún así, sigue siendo un país con un alto nivel de bienestar.

El idioma

El idioma oficial de los Países Bajos es el neerlandés (conocido popularmente como holandés), que hablan aproximadamente 20 millones de personas, si se incluye Flandes (Bélgica), los territorios de ultramar y la antigua colonia de Surinam.

En la zona septentrional del país se habla también frisón, y en Limburgo, en el Sur, el limburgués. El neerlandés es un idioma complicado con raíces comunes con el alemán y el inglés. Prácticamente todo el mundo habla inglés con mayor o menor fluidez.

Si se quiere quedar bien con los locales y sorprenderles, siempre se pueden usar un par de palabras difíciles de traducir pero típicamente holandesas. “Gezellig” podría traducirse como acogedor, íntimo, tanto referido a un ambiente como a una situación. “Borreltje”, es el equivalente a “picar algo”, preferiblemente una cerveza con unas pequeñas croquetas (“bitterballen”) o unos trozos de queso. Y “lekker” sirve para decir que algo de comer está muy rico.

ECONOMÍA

La economía holandesa tiene las actividades industriales y comerciales como papel predominante. Los Países Bajos es uno de los estados más ricos y desarrollados de Europa, con un PIB (producto interior bruto) estimado en 737.000 millones de euros (en cifras de 2017) y una renta per cápita media de unos 43.000 euros. Es uno de los 5 mayores exportadores a escala internacional.

La tasa de paro es una de las más bajas de Europa, con tan solo el 4% de la población. El trabajo a tiempo parcial está muy extendido y los niveles de asistencia social y de ayudas públicas son muy altos, aunque también se vieron afectados por la crisis financiera internacional del 2008. Un 70% de la población se dedica al sector terciario, mientras que la actividad industrial ocupa al 25 % y el sector agrícola y ganadero lo constituyen el 5%.

Holanda fue uno de los tres países que formaron el Benelux, término formado por las sílabas iniciales de Bélgica, Nederland y Luxemburgo. Cuando acabó la II Guerra Mundial, estos tres países subscribieron un acuerdo aduanero y de libre circulación de personas, mercancías y capitales. Desde las primeras fases de la Unión Europa, Holanda estuvo presente, y esta larga experiencia comunitaria la ha avalado como uno de los países con mayor crecimiento y bienestar económico.

Los grandes polos de desarrollo de la industria holandesa son los puertos de Amsterdam y Rotterdam, así como el aeropuerto de Schiphol. El capital viene suministrado por el mercado financiero internacional, que encuentra en Holanda importantes beneficios fiscales. Grandes multinacionales con nacimiento en Holanda son, por ejemplo, Shell, Unilever o Philips.

La política fiscal, con impuestos muy elevados, y los programas contra la contaminación son algunos de los problemas que más preocupan a la opinión pública y al gobierno.

En los últimos decenios, Holanda ha desarrollado grandes proyectos relacionados con las energías renovables, con la instalación de parques eólicos tanto en tierra firme como en el mar.

Bicicletas

El carácter eminentemente llano del país, las distancias relativamente cortas y la reducida extensión de las ciudades hace que Holanda sea un país ideal para los amantes de la bicicleta. En el país hay casi 35.000 km de carriles bici, de uso exclusivo para ciclistas y casi siempre separados de la calzada por donde circulan los coches.

Los carriles para bicicletas se extienden por todo el país y están perfectamente señalizados y trazados. Hay un sistema muy práctico que señala la ruta a través de postes colocados en cruces de caminos. Hay más de 7.600 cruces de rutas ciclistas por toda Holanda. Así, el viajero puede escoger el camino que quiere hacer consultando el mapa ciclista (en todas los ayuntamientos, oficinas de turismo e internet), escogiendo los cruces que quiere recorrer y en qué orden. Al dividir el camino que quiere hacer en múltiples tramos, en cada cruce puede saber cuál es la próxima dirección que ha de tomar, qué distancia queda, y si es necesario puede reajustar su trayecto. Este sistema nodal recorre todo el país y hace muy fácil planificar la ruta.

Las bicicletas (en holandés, “fiets”) en Holanda son todo un mundo. Además de las habituales a las que estamos acostumbrados aquí, se encuentran también las “bakfiets” (bicicletas de carga) o las “familiefiets” (con carrito infantil, y con una o dos silletas para niños). Pero las que llaman más la atención son las tradicionales, que todo holandés tiene: las llamadas “omafiets”, literalmente, bicicleta de la abuela. Tienen una sola marcha, y se frena pedaleando hacia atrás.

GEOGRAFÍA Y CLIMA

LA LUCHA CONTRA EL MAR

La historia de los Países Bajos está marcada por una constante lucha contra el mar y contra las crecidas de los grandes ríos. Por eso se llaman “Bajos”: una cuarta parte del país está situada bajo el nivel del mar, con lo que siempre ha habido la necesidad de proteger a la población de inundaciones.

Pero la protección y prevención no ha sido la única razón de esta lucha. Los sucesivos crecimientos económicos y demográficos del país le han obligado a ir ganando terreno al mar para construir asentamientos nuevos. Eso ha propiciado, a lo largo de los siglos, el desarrollo de complicados sistemas de drenaje de aguas y desecado de tierras, con la creación de pólders.

Si se mira un mapa antiguo de la actual Holanda, el terreno difiere mucho del actual. Ya en el siglo XIII se construyeron los primeros diques. Hasta el siglo XVIII, ya había tierras conquistadas al mar, principalmente en la zona del Sur y el Delta, y también en Frisia y en la provincia de Holanda del Norte, como los lagos de Beemster y Purmer, desecados completamente. Allí hay algunos de los polders más antiguos del país, rodados de molinos de viento y agua, canales de drenaje y colectores con esclusas. En esa época se creó el “Ministerio de las Aguas”, para ayudar a las comunidades rurales en su lucha contra el mar.

En el siglo XIX se afianzaron muchos de estos pólders añadiendo bombas de agua accionadas por vapor, que consiguieron un mayor bombeo de las aguas y la regulación de su nivel, y se desecó el lago de Haarlem. En un paisaje tan llano como el holandés, es un placer pasear por encima de los diques, viendo a lado y lado los pólders con sus diferentes niveles de altura, o ver pasar un barco por detrás del dique, que circula a mucha más altura de donde uno está.

El siglo XX trajo consigo obras importantes: la primera fue la construcción del gran dique Afsluitdijk, de 30 km de longitud, que finalizó en 1932. Antes, la entrada de mar al este de Amsterdam era una gran ensenada marina donde reinaban las mareas y que recibía el nombre de Zuiderzee (mar del Sur). Tras la puesta en funcionamiento del gran dique, el "mar" se convirtió en un "lago", el IJselmeer.

En las orillas de este "lago" se crearon cuatro grandes pólders, terrenos ganados al mar. Todos ellos necesitan un tiempo de reposo y asentamiento antes de que esté permitido edificar en ellos. En los años 30 se construyó el más cercano al dique. En la zona más oriental del Overijssel los pólders datan de entre el 1937 y el 1957. En Flevoland se encuentran algunos de los pólders más nuevos, levantados entre 1959 y 1968. El viajero puede pasear por tierra firme que era, literalmente, mar, cuando él nació. En la costa del IJselmeer de la zona de Marken se construyó un gran dique de contención, de 28 km de largo, que une Enkhuizen con Lelystad.

Cuando parecía que el Norte estaba protegido, la tragedia llegó por el Sur. La noche del 31 de enero al 1 de febrero de 1953, en Zeeland, la crecida de la marea viva combinada con fuertes tormentas huracanadas provocó la rotura de los diques, causando 1.835 muertos y sepultando más de 150 localidades. Cinco años más tarde el Parlamento aprobó el desarrollo del gigantesco proyecto Plan Delta, que consiguió unir las diferentes islas de Zeeland con una serie de poderosos diques y formar una gran reserva de agua dulce. Los trabajos se inauguraron en octubre de 1986 y el Plan Delta ha significado la creación de una gran zona portuaria en el estuario, que comunica con el puerto de Rotterdam y que ha propiciado el crecimiento económico de la zona.

Además del mar, los ríos son también protagonistas. El Rin llega de Alemania y al llegar a Holanda recibe el nombre de Waal, para acabar confluyendo, junto al Mosa, en la zona del Delta. De uno de los brazos finales del Rin, que toma después el nombre de Lek, se bifurca el IJssel, que desemboca en el IJselmeer. El Escalda llega al Delta con sus dos estuarios.

La presencia de tantos grandes ríos ha propiciado la aparición de muchas zonas de lagos y humedales. Además, se han construido numerosos canales que comunican los ríos entre sí y con el mar, como el canal de Mar del Norte, que une el Rin con Amsterdam y a ésta con el mar.

Y las amenazas siguen siempre presentes, también ligadas al calentamiento global del planeta. La excepcional crecida del Rin, en enero de 1995, amenazó con romper los diques del valle de Nimega, provocando la temporal evacuación de centenares de miles de habitantes.

El agua, como se ve, tiene un papel primordial en la sociedad holandesa. Todos los pueblos tienen protocolos de actuación en caso de inundaciones o fuertes tormentas; en las escuelas los niños asisten regularmente a talleres relacionados con el agua y con el sistema de pólders y diques… Incluso el idioma neerlandés refleja este protagonismo del agua: hay infinidad de palabras casi sinónimas, con pequeños matices, para definir diferentes tipos de embarcaciones y diversos tipos de canalizaciones de agua.

Tulipanes

Las burbujas financieras e inmobiliarias actuales tienen un precedente muy antiguo en Holanda. La primera burbuja mundial se creó a partir de los tulipanes, que provocaron un frenesí inversor en el siglo XVII y su consiguiente explosión.

Cultivados originariamente en el Imperio Otomano (hoy Turquía), los tulipanes se importaron a Holanda en el siglo XVI. El botánico flamenco Carolus Clusius, director del jardín botánico de Leiden, experimentó con su reproducción y escribió el primer libro serio sobre tulipanes en 1592.

La popularidad de estas flores aumentó de tal manera que los ricos mercaderes empezaron a comprar bulbos para plantarlos e impresionar a sus invitados. Estas flores exóticas que lucían pétalos de vivos colores se convirtieron en un símbolo de la bonanza económica.

Pero se inició una fiebre especuladora, y los burgueses empezaron a pagar grandes cantidades por los mejores bulbos, que iban cambiando de propietario antes de florecer. Los precios no dejaban de subir hasta que la situación explotó cuando varios comerciantes de Haarlem no obtuvieron los beneficios esperados y los precios se desplomaron. En pocas semanas, los comerciantes más ricos del país quebraron y mucha gente de la calle se arruinó totalmente.

Hoy en día, los Países Bajos son el líder mundial de cultivo de tulipanes, y de allí proceden la mayoría de los bulbos que se plantan en Europa y en Norteamérica. También se cultivan narcisos y jacintos.

CLIMA Y NATURALEZA

La duda al hacer la maleta para ir a Holanda siempre es la misma: “¿Qué me llevo?”. La respuesta podría ser: “Un poco de todo”. El clima en Holanda es muy variado y a menudo en el mismo día se puede pasar del sol a la lluvia y al viento.

Los inviernos pueden ser fríos aunque la nieve pocas veces llega a todo el país, como mucho a la zona más interior, cercana a la frontera alemana. Pero el viento helado del Mar del Norte puede ser muy fuerte. La temperatura media en enero es de 2.8 grados.

En verano, el clima es sumamente cambiante. Las temperaturas pueden ser cálidas pero el paisaje tan llano propicia que las nubes corran muy deprisa, con lo que nunca hay que presuponer que hará un buen día. Si se sale el día entero de excursión, es mejor llevar en la mochila un chubasquero ligero o un paraguas, y una chaqueta por si refresca.

En la zona más cerca a la costa, el verano es más templado, pero en el interior y el este del país, con un clima más continental, puede hacer más calor. La temperatura media en julio es de 17.4 grados, aunque los últimos veranos han llegado a tener temperaturas mediterráneas, incluso por encima de los 30 grados.

La zona costera recibe la brisa del mar pero también está más expuesta al azote del viento. Por ello la costa está repleta de dunas y plantas autóctonas. El Sur y el Este es la zona más montañosa del país, con colinas y bosques, aunque no hay que olvidar que el punto más alto del país está a solo 321 metros por encima del nivel del mar. La zona central es lo que se denomina el “corazón verde” de Holanda, con una gran extensión de bosques y también de terrenos agrícolas.

El interés por la protección del medio ambiente de los sucesivos gobiernos ha propiciado la creación de una serie de reservas naturales y de tres parques naturales nacionales: el Hoge Veluwe, el Biesbosch, y el Weerriben. Tanto en los parques como en las reservas naturales se pueden admirar ciervos, jabalíes, cabras salvajes e incluso una colonia de bisontes europeos que se está reintroduciendo para su estudio.

Molinos

Hay más de mil molinos en los Países Bajos, con lo que no es de extrañar que sean uno de los iconos principales del país. El más antiguo es un molino de agua que data del siglo VII. Desde la Edad Media se han usado para desecar terrenos, con técnicas de bombeo que permitían la lucha contra el agua.

Los molinos de viento más famosos son el conjunto de 19 de ellos en Kinderdijk, cerca de Rotterdam, declarado por la Unesco como patrimonio mundial. Los de Schiedam son los más grandes del mundo, algunos de 40 metros de altura, y no servían para bombear agua sino para moler cereal para fabricar ginebra. El conjunto de Zaanse Schans acogía hace 250 años más de 600 molinos y se considera como la primera zona industrial del mundo. Se cuenta que cuando Napoléon llegó allí se quedó impresionado y lo calificó como "único en su especie".

Algunos molinos están abiertos al público y algunos se han convertido en hoteles. Cada año se celebra el Día Nacional de los Molinos, normalmente el segundo sábado de mayo, donde se pueden visitar más de 950 molinos y se ofrecen muchas actividades.

Primera edición digital: mayo de 2019

© **Ecos Producciones Periodísticas SCP, 2019**

WWW.GUIASECOS.COM

Textos: Carmen Giró

Fotos: Ecos Travel Books, Pixabay y Pxhere

Diseño y maquetación: Ecos Travel Books

Cartografía: Ecos Travel Books, pbardocz y Google

ISBN: 9788415563884

Todos los derechos reservados. Se prohíbe la reproducción total o parcial de esta obra por cualquier medio o procedimiento, y el alquiler o préstamo público sin la autorización por escrito de los titulares del *copyright*.